글 한상근 | 그림 최상규

주니어 중앙

작가의 말

**아는 만큼 꿈꿀 수 있는 직업의 세계!
미래를 살아갈 글로벌 세대를 위한 직업은
지금이 다가 아닌, 10년 후를 내다본 것이어야 합니다.**

우리는 하루가 다르게 발전하는 사회 속에서 살고 있습니다. 인터넷, 스마트 폰을 비롯한 정보통신 기기의 발전으로 굳이 사무실에 출근하지 않아도 업무를 볼 수 있게 되었고, 생명 공학의 발전으로 이미 죽은 개나 고양이를 똑같이 복제할 수도 있게 되었지요.

이렇듯 정보 기술 산업이 발전함에 따라 생활 수준도 발전하게 되어 사람들의 원하는 것이 다양화되고 고급스러워지게 되면서 보건 복지 분야나 서비스 산업 분야 등에서는 과거에는 상상할 수 없었던 다양한 여러 직업들이 새롭게 생기게 되었는데요. 문제는 이렇듯 새로이 생겨나는 여러 직업들에 대해 자세히 알고 있는 학생들이나 학부모들은 그리 많지 않다는 것입니다.

그래서 이번 《10살에 떠나는 미래 세계 직업 대탐험》에서는 현재 우리나라에서는 잘 알려지지 않아 생소한 것일 수도 있지만 미국, 캐나다, 일본 등의 선진국에서 앞으로의 발전 가능성을 염두에 두고 추천한 유망 직업 100개를 선별하여 소개하고자 합니다.

　어린이들에게 있어 직업은 가슴을 두근거리게 하는 꿈이어야 합니다. 미래의 모습을 상상하며 소중하게 품은 장래의 희망 직업은 어린이들로 하여금 보다 구체적으로 목표를 세우고 공부의 방향성을 정해 매 순간을 더욱더 노력하게 하는 촉매제가 되기 때문이지요.

　이 책을 통해 어린이들이 선진국의 새롭고 다양한 직업들에 대해 보다 많이 알 수 있는 좋은 기회가 되었으면 합니다. 그래서 가까운 미래에 세계를 누비는 글로벌 인재로 성장하게 될 우리의 어린이들이 자신의 꿈을 보다 구체적으로 설계하고 키워 나가는 데 도움이 되었으면 합니다.

2010년 6월 한상근

누구와 함께 가지?

이름 : 딸기
나이 : 10살
별명 : 딸기
소속 : 세계로 초등학교 3학년 1반
취미 : 아찌 괴롭히기
성격 : 까불기를 좋아하고 덜렁대는 성격 때문에
　　　늘 순박이에게 구박을 당하는
　　　호기심 많은 좌충우돌 소년

이름 : 순박

나이 : 10살

별명 : 수박

소속 : 세계로 초등학교 3학년 1반

취미 : 독서, 공부

성격 : 당당하고 똑똑하지만, 가끔씩 엉뚱한 면도 있는
　　　 세계로 초등학교의 자타공인 모범생 소녀

어디로 가지?

꿈도 많고, 호기심도 많은 세계로 초등학교의 3학년 1반, 순박이와 떨기.
선생님께서 내주신 장래 희망에 대한 글짓기 숙제를 하지 못하고
한숨만 쉬고 있던 이들에게 편지 한 통이 도착했어요.
6개 직업 대륙 100개 직업 나라를 여행할 수 있는 티켓과 함께 말이에요.

자~, 공짜 티켓이 생겼으니 순박이, 떨기와 함께
직업 나라 여행을 떠나 볼까요?

순박이와 떨기에게

얘들아, 안녕!
나는 직업과 진로를 연구하고 있는 홀랜드 할아버지란다.
너희들이 미래에 어떤 직업을 가지면 좋을지 몰라 장래 희망에 대한 글짓기 숙제도 못
하고 고민하고 있길래, 너희들을 위해 특별한 여행을 준비했단다.
이곳은 내가 연구한 것을 바탕으로 일본, 캐나다, 미국 등 선진국에서 유망 직종으로
떠오르고 있는 6개 직업 대륙, 100개 직업 나라로 이루어진 JOBJOB 세계로의 여행
이지.
'사무형'의 직업 나라들이 있는 꼼꼼대륙부터 시작해서, '기업형'의 직업 나
라들이 있는 씩씩대륙, '예술형'의 나라들이 있는 편편대륙 등 6개의 직업
대륙을 모두 여행하고 나면 너희들이 되고 싶은 꿈이 무엇인지, 미래에
그 꿈을 이루기 위해 무엇을 준비해두면 좋을지 알 수 있게 될꺼야.
그럼 재미있고 유익한 여행이 되기를 바란다.

홀랜드 할아버지가

여행 계획 짜기

신나고 재미있는 JOBJOB 세계로의 여행!

지금 나는 어떤 곳에 가장 흥미가 있는지, 아래 화살표를 요리조리 따라가며
6개의 직업 대륙 중 가장 먼저 갈 곳을 정해 보도록 해요.
질문에 대한 대답이 YES일 때는 파란 화살표를, NO일 때는 빨간 화살표를 따라 가세요.

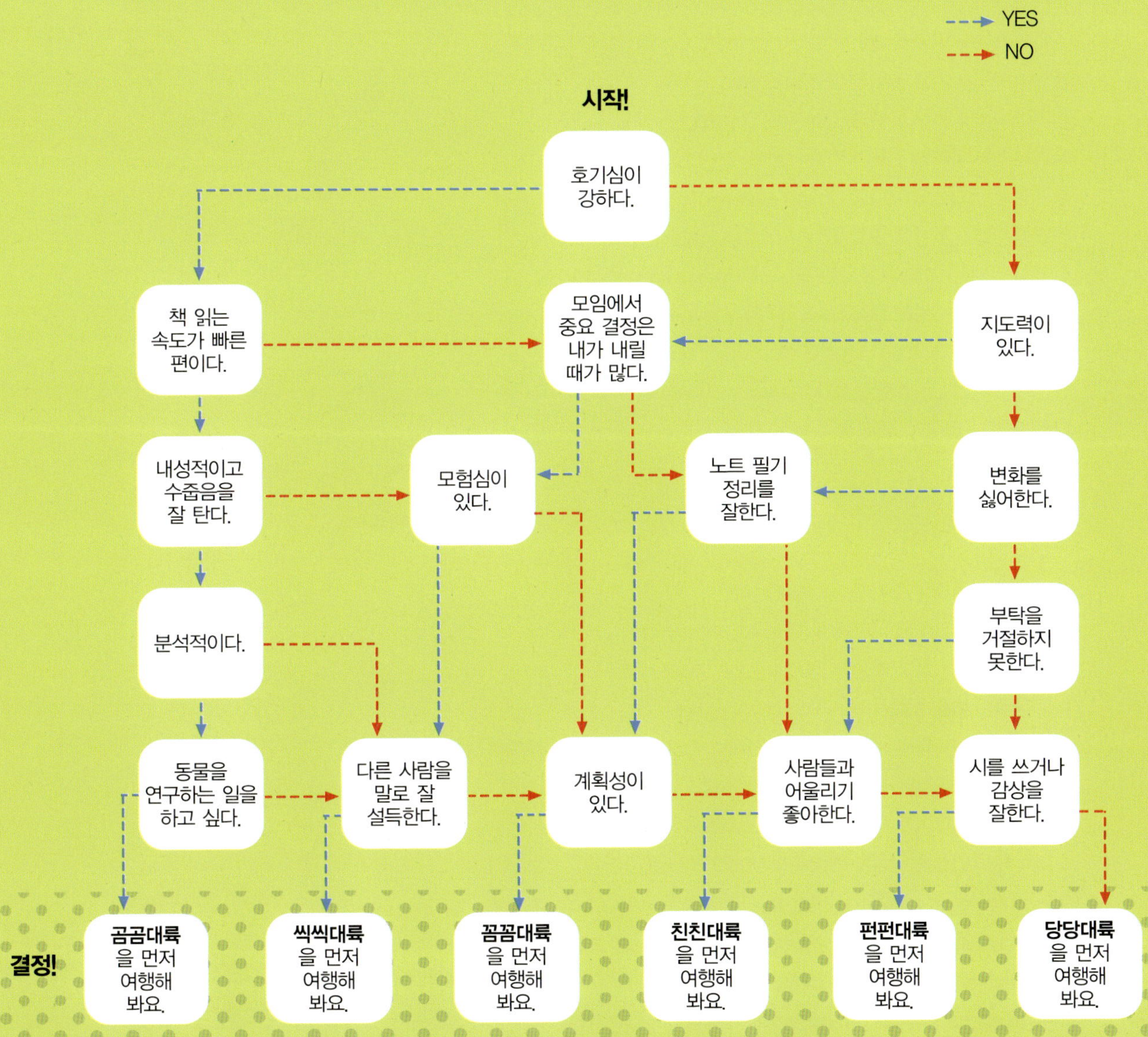

- - → YES
- - → NO

시작!

호기심이 강하다.

책 읽는 속도가 빠른 편이다.

모임에서 중요 결정은 내가 내릴 때가 많다.

지도력이 있다.

내성적이고 수줍음을 잘 탄다.

모험심이 있다.

노트 필기 정리를 잘한다.

변화를 싫어한다.

분석적이다.

부탁을 거절하지 못한다.

동물을 연구하는 일을 하고 싶다.

다른 사람을 말로 잘 설득한다.

계획성이 있다.

사람들과 어울리기 좋아한다.

시를 쓰거나 감상을 잘한다.

결정!

- **곰곰대륙**을 먼저 여행해 봐요.
- **씩씩대륙**을 먼저 여행해 봐요.
- **꼼꼼대륙**을 먼저 여행해 봐요.
- **친친대륙**을 먼저 여행해 봐요.
- **편편대륙**을 먼저 여행해 봐요.
- **당당대륙**을 먼저 여행해 봐요.

머리말 2
누구와 함께 가지? 4
어디로 가지? 6

꼼꼼대륙

문서남기리아 – **기록물 전문가** (Archivist) 14
사이버정보짱 – **사이버 사서** (Cyberlibrarian) 16
컴퓨랜드 – **소프트웨어 엔지니어** (Computer Software Engineer) 18
내손에보험국 – **손해 사정인** (Claims Adjuster) 20
돈계산란드 – **회계사** (Accountant) 22
다음 여행을 떠나기 전에 잠시 쉬어 가요! 24

씩씩대륙

기업쑥쑥이 – **경영 컨설턴트** (Management Consultant) 28
돈모아란드 – **기금 조성가** (Fund Raiser) 30
달려라뉴스국 – **뉴스 특파원** (News Correspondent) 32
물건팔국 – **마케팅 전문가** (Marketing Specialist) 34
상표왕국 – **브랜드 매니저** (Brand Manager) 36
범인잡아리아 – **사설 탐정** (Private Investigator) 38
강아지지켜국 – **애완동물 전문 변호사** (Pet Lawyer) 40
외국돈주어국 – **외환 딜러** (Foreign Exchange Dealer) 42
회사일짱 – **최고 경영자** (Top Executive) 44
뜨는주식나리아 – **투자 분석가** (Financial Analyst) 46
다음 여행을 떠나기 전에 잠시 쉬어 가요! 48

편편대륙

파크랜드 – **공원 전문가** (Park Naturalist) 52
그래픽루션 – **그래픽 디자이너** (Graphic Designer) 54
푸드리아 – **레스토랑 비평가** (Restaurant Critic) 56
아트쌤국 – **미술 치료사** (Art Therapist) 58
바비귀여워라 – **바비 인형 드레스 디자이너** (Barbie Doll Dress Designer) 60
쵸코리아 – **쇼콜라티에** (Chocolatier) 62
애니짱 – **애니메이션 작가** (Animation Writer) 64
스피치짱 – **연설문 작성가** (Speech Writer) 66
필름칼대라 – **영상 편집 기사** (Motion Picture Camera Editor) 68
버터리아 – **음식 조각가** (Food Sculptor) 70
사운디움 – **음향 기사** (Sound Technician) 72
일러스탄 – **일러스트레이터** (Illustrator) 74
멜로디움 – **작곡가** (Composer) 76
문서쉬움 – **테크니컬 라이터** (Technical Writer) 78
오션랜드 – **해양 건축가** (Marine Architect) 80
다음 여행을 떠나기 전에 잠시 쉬어 가요! 82

곰곰대륙

어르신모시리아 – **노년학자** (Gerontologist) 86
에어사이언쿰 – **대기 과학자** (Atmospheric Scientist) 88
애니멀랜드 – **동물학자** (Zoologist) 90
우리꺼살리국 – **문화재 보존원** (Museum Technicians and Conservators) 92
물건멀리가나 – **물류 전문가** (Professional Logistician) 94
아인슈타인란드 – **물리학자** (Physicist) 96
아픈발호호쿰 – **발 치료 전문의** (Podiatrist) 98
땅땅얼마칸 – **부동산 감정사** (Real Estate Appraiser) 100
얼마니움 – **비용 평가사** (Price Appraiser) 102
바이오인포랜드 – **생물 정보학자** (Bioinformatics Specialist) 104
바이오만 – **생물학자** (Biological Scientist) 106
바이오화학국 – **생화학자** (Biochemist) 108
물주리아 – **수경 재배 기술자** (Hydroponic Technician) 110
포리스트리아 – **숲 전문가** (Forester) 112
다이어트리아 – **식단 전문가** (Dietetic Technician) 114
크레디질랜드 – **신용 분석가** (Credit Analyst) 116
내마음알제리 – **심리학자** (Psychologist) 118
튼튼심장국 – **심장 혈관 기술자** (Cardiovascular Technologist) 120
꼭꼭숨기니 – **암호 전문가** (Cryptographer) 122
말더듬끝내리아 – **언어 치료사** (Speech-Language Pathologist) 124
에너지아끼니 – **에너지 매니저** (Energy Manager) 126
별똥알제리 – **우주 화학자** (Cosmochemist) 128
휴먼부르크 – **인류학자** (Anthropologist) 130
핑거랜드 – **지문 감식가** (Fingerprint Analyst) 132
안드로메단 – **천체 물리학자** (Astrophysicist) 134
컴퓨터다케냐 – **컴퓨터 과학자** (Computer Scientist) 136
키보드척척국 – **컴퓨터 시스템 분석가** (Computer System Analyst) 138
최고땅자니아 – **토양 보전 전문가** (Soil Conservationist) 140
바다속보물스탄 – **해양학자** (Oceanographer) 142
병잡는첩보국 – **핵의학 기사** (Nuclear Medicine Technologist) 144
떠돌이별스탄 – **행성 과학자** (Planetary Scientist) 146
내핏줄스탄 – **혈통 전문가** (Genealogist) 148
맑은물만드리아 – **환경 공학 엔지니어** (Environmental Engineer) 150
다음 여행을 떠나기 전에 잠시 쉬어 가요! 152

당당대륙

천리가보이나 – **검안사** (Optometrist)   156
머신만들라 – **기계 공학 엔지니어** (Mechanical Engineer)   158
네트워크랜드 – **네트워크 관리자** (Network Administrator)   160
흰쥐검은쥐다있소 – **동물 기술자** (Animal Technician)   162
동물이좋아리아 – **동물 핸들러** (Animal Hanlder)   164
파이프랑유 – **배관공 장인** (Master Plumber)   166
뚝딱맥주리아 – **브루 마스터** (Brew Master)   168
기막힌새나라 – **새 조련사** (Bird Handler)   170
강철심장국 – **심전도 기사** (Electrocardiograph Technician)   172
수족관미인국 – **아쿠아리스트** (Aquarist)   174
우주선만드리아 – **항공 우주 엔지니어** (Aerospace Engineer)   176
몸짱만들랜드 – **선수 트레이너** (Athletic Trainer)   178
메디컬마법나라 – **의료 장비 기사** (Medical Appliance Technician)   180
별의별동물국 – **이색 동물 조련사** (Exotic Animal Trainer)   182
춤추는휠체어 – **작업 치료사** (Occupational Therapist)   184
바다속퐁당나라 – **잠수사** (Diver)   186
전자제품만땅 – **전자 공학 엔지니어** (Electronics Engineer)   188
맵토피아 – **지도 제작 전문가** (Cartographer)   190
모차르트킹덤 – **피아노 조율사** (Piano Tuner)   192
비행기박사나라 – **항공기 정비원** (Aircraft Mechanic)   194
다음 여행을 떠나기 전에 잠시 쉬어 가요!   196

친친대륙

쌍쌍좋아리아 - **결혼 상담가** (Marriage Counselor)   200
인생멋지리아 - **라이프 코치** (Life Coach)   202
호호랄랄리아 - **레크리에이션 치료사** (Recreational Therapist)   204
보이스랜드 - **목소리 코치** (Voice Coach)   206
아이부끄러움 - **부끄러움 컨설턴트** (Shyness Consultant)   208
슬픔딱국 - **비애 치료사** (Grief Therapist)   210
여행신나리아 - **여행 상담원** (Travel Counselor)   212
히스토리아 - **역사물 해설가** (Historical Interpreter)   214
싸이레니아 - **응급 구조사** (Emergency Medical Technician)   216
명복빌리아 - **장례 지도사** (Funeral Director)   218
돈불리아 - **재정 상담가** (Financial Counselor)   220
호호딴따리아 - **춤 치료사** (Dance Therapist)   222
덴탈랜드 - **치과 위생사** (Dental Hygienist)   224
허리가시원국 - **카이로프랙터** (Chiropractor)   226
직업찾아리움 - **커리어 코치** (Career Coach)   228
패럴랜드 - **특수 교사** (Special Education Teacher)   230
예쁜피부가쿰 - **피부 관리사** (Aesthetician)   232
다음 여행을 떠나기 전에 잠시 쉬어 가요!   234

이색 직업 대탐험

다이어트 프로그래머   238   **나무 치료사**   239   **두피 모발 관리사**   240
만화가 매니저   241   **미스터리 샤퍼**   242   **벨소리 작곡가**   243
입학사정관   244   **설탕 공예가**   245   **아트워크 매니저**   246
애완동물 장의사   247   **애견 브리더**   248   **예술 제본가**   249
운항 관리사   250   **의학 삽화가**   251   **과학 수사 요원(CSI)**   252
캘리그라퍼   253   **커뮤니티 가드너**   254   **호텔 컨시어지**   255

세밀함과 꼼꼼함을 필요로 하는 사무의 세계

꼼꼼대륙

꼼꼼대륙에서 우리가 여행할 곳은 모두 5개 나라예요.
조심성 있고 정확한 것을 좋아하는 이 나라 사람들은
변화를 싫어하고 사무적이며 책임감이 강하답니다.

★ 기록물 전문가 (Archivist)   ★ 사이버 사서 (Cyberlibrarian)
★ 소프트웨어 엔지니어 (Computer Software Engineer)
★ 손해 사정인 (Claims Adjuster)   ★ 회계사 (Accountant)

펀펀대륙　　　　　　　　　　　　　　곰곰대륙

당당대륙

친친대륙

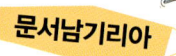

문서남기리아

역사를 분석한다 기록물 전문가 (Archivist)

어떤 나라인가요

지금으로부터 수백 년 전에 일어난 일들을 어떻게 알 수 있을까요? 바로 옛 사람들이 남긴 편지나 책, 지도 등을 보고 알 수 있답니다. 이처럼 역사적으로 중요한 사건이나 인물에 대한 자료를 모으고, 이 자료를 평가하고 관리하는 일을 하는 사람을 기록물 전문가라고 해요. 기록물 전문가의 나라에 오신 것을 환영해요!

이 나라에서는 무엇을 잘해야 하나요

오래된 자료를 읽고, 해석하고, 정리하려면 꼼꼼하고 침착해야 해요. 수많은 자료 가운데에서 꼭 필요한 것만을 골라내고 이를 분류하는 능력도 필요하지요.

이 나라는 앞으로 어떻게 발전할까요

옛 사람들이 남긴 기록물의 가치는 매우 큽니다. 역사를 정확히 이해하고, 앞으로 다가올 미래를 예측하는 데 이러한 기록물이 도움이 되거든요. 앞으로 많은 기록물 전문가들이 중요한 사건과 사람들의 기록을 관리하게 될 것으로 보여요.

이 나라에 가려면 어떤 준비를 해야 하나요

우리나라 역사와 세계 역사에 대한 공부를 해야 해요. 또한 한자 공부도 해야 하고요. 옛날 책들은 대부분 한자로 쓰여 있기 때문에 한자를 알아야 뜻을 알 수 있거든요. 대학에서 우리나라 역사나 세계 역사를 공부하면 유리하답니다.

도움이 되는 공부 : 역사, 국어, 사회, 한문

펀펀대륙 곰곰대륙

미리 가 볼 수 있어요

기관	홈페이지	소개
한국기록관리학 교육원	www.archivist.ac.kr	기록물 관리 전문 요원을 키우기 위해 설립된 한국 최초의 전문 교육 기관이에요.
국가기록원	www.archives.go.kr	공공 기록물을 수집·보존·서비스하기 위해 설립된 중앙 기록물 관리 기관이에요.

이 나라 사람을 만나 보세요
이원규 (연세 대학교 대학 기록 보존소)

Q. 기록물 전문가라는 직업의 매력과 장점은 무엇인가요?

기록이란 실제 사건과 관련 있는 증거를 말합니다. 따라서 역사적으로 인정받는 것들을 다룬다는 데 이 직업의 매력이 있습니다. 또 기록물을 관리하면서 배우는 것이 참 많은데, 그 가운데에서도 특히 역사 지식이 풍부해진답니다. 인간과 사회에 대한 관심도 높아지고요. 또한 사람들에게 기록을 이용할 수 있도록 도와주는 과정에서 보람을 많이 느낍니다. 사회적으로도 존경받는 아주 좋은 직업이에요.

Q. 기록물 전문가를 꿈꾸는 어린이들에게 한 말씀 해 주세요.

기록은 특별한 것이 아닙니다. 편지나 일기, 학교 숙제 등 여러분의 일상생활에서도 많이 만들어지고 있지요. 이런 추억과 기억들을 버리지 말고, 관심 있는 것들은 모으라고 권하고 싶어요. 그러면 10년, 20년 뒤에도 열어 볼 수 있는 자신만의 보물 상자가 생기거든요. 이런 활동이 훌륭한 기록물 전문가가 되는 데 도움이 된답니다.

 당당대륙 친친대륙

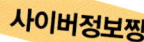

사이버정보짱

인터넷 도우미 사이버 사서
(Cyberlibrarian)

어떤 나라인가요

도서관에서 수많은 책과 자료를 모으고, 분류하고, 관리하는 사람을 사서라고 하지요. 인터넷에서도 사서 역할을 하는 사람이 있는데, 이를 사이버 사서라고 해요. 이곳은 정보의 바다 인터넷에서 사람들이 원하는 정보를 정확하고 빠르게 찾아 주는 사이버 사서의 나라랍니다.

이 나라에서는 무엇을 잘해야 하나요

컴퓨터와 인터넷에 대해 잘 알아야 해요. 정보를 찾고 분류하는 방법에 대해서도 공부해야 하고요. 차분하게 자료를 검토해야 하는 일이므로, 꼼꼼하고 침착한 태도를 길러야 한답니다.

이 나라는 앞으로 어떻게 발전할까요

인터넷에 있는 수많은 정보 가운데 꼭 필요한 정보를 찾는 일은 쉽지 않아요. 원하는 정보를 정확하게 찾아 주는 사이버 사서의 중요성은 앞으로 더욱 커질 거예요.

이 나라에 가려면 어떤 준비를 해야 하나요

다양한 분야의 책을 많이 읽어서 상식을 길러야 해요. 컴퓨터 공부도 많이 해야 하구요. 대학에서 문헌정보학이나 도서관학을 공부하면 사이버 사서가 되는 데 유리하답니다.

도움이 되는 공부 : 컴퓨터, 국어, 사회, 문헌정보

좀 더 알아보아요

인터넷과 직접 관련된 직업

- **웹마스터** : 인터넷 홈페이지를 만들고 관리하는 일을 해요. 홈페이지에서 제공하는 서비스 내용을 계획하고, 홈페이지의 기술적인 문제를 책임진답니다.
- **웹마케터** : 인터넷에서 상품을 판매하기 위한 계획을 세우고 실행하는 일을 해요. 상품을 판매한 결과를 분석해서 판매 계획을 다시 세우는 일도 하지요.
- **웹콘텐츠 기획자** : 인터넷 사이트에 적절한 콘텐츠(정보물)를 선별해주고, 예상되는 사용자들의 희망 사항을 고려해서 새로운 인터넷 정보물을 계획하고 만든답니다.

이 나라 사람을 만나 보세요

김종은 (사이버 사서)

Q. 사이버 사서라는 직업의 매력과 장점은 무엇인가요?

사이버 사서는 관련 일에 대한 신뢰할 만한 정보와 자료를 수집한 뒤 이를 잘 요약 정리해서 인터넷으로 제공하는 일을 합니다. 정보 수집과 기록 정리, 질문과 답변 등을 통해서 지식을 확장하고 공유하는 일을 하지요. 사이버 세상의 질을 높이는 콘텐츠를 구축한다는 점이 매력적입니다.

Q. 사이버 사서를 꿈꾸는 어린이들에게 한 말씀 해 주세요.

웹사이트나 책, 잡지, 사진 등을 통해 자신이 관심 있는 일이나 주변 또는 지역에 대한 정보와 자료를 모아 특징을 요약하고 기록하는 습관을 기르도록 하세요. 이런 습관이 몸에 배면 장차 사이버 사서가 되는 데 유리하답니다.

사이버 사서는 사서 자격증을 딴 뒤 도서관이나 박물관, 기록 관리 부서 등에서 일할 수 있으며 개인적으로도 블로그나 카페를 열어 봉사할 수 있습니다.

컴퓨랜드

컴퓨터를 쓸모 있게 소프트웨어 엔지니어
(Computer Software Engineer)

어떤 나라인가요

컴퓨터로 인터넷을 하거나 문서 작업을 하려면 관련된 컴퓨터 프로그램이 필요해요. 이렇게 컴퓨터에서 사용하는 프로그램을 만드는 사람을 소프트웨어 엔지니어라고 하지요. 이곳은 소프트웨어 엔지니어의 나라랍니다.

이 나라에서는 무엇을 잘해야 하나요

컴퓨터 프로그램은 워낙 복잡하고 정교하기 때문에 치밀한 성격과 분석 능력이 필요해요. 또 수학을 바탕으로 이루어진 것들이 많기 때문에 수학 실력이 있어야 하구요. 컴퓨터를 좋아하고 능숙하게 다루는 것도 물론 중요하답니다.

이 나라는 앞으로 어떻게 발전할까요

오늘날 컴퓨터는 우리 생활에 꼭 필요한 물건으로 자리잡았어요. 앞으로 점점 더 많은 사람들이 컴퓨터를 사용하게 될 거예요. 따라서 컴퓨터 프로그램을 만드는 소프트웨어 엔지니어는 더욱 늘어날 것으로 보여요.

이 나라에 가려면 어떤 준비를 해야 하나요

컴퓨터가 무엇으로 이루어졌으며 어떻게 작동되는지 살펴보고, 여러 가지 프로그램을 배워서 활용해 보세요. 컴퓨터 언어를 배워서 간단한 컴퓨터 프로그램을 만들 줄 알게 된다면 더욱 많은 도움이 될 거예요.

도움이 되는 공부 : 컴퓨터, 수학, 국어

좀 더 알아보아요

시스템 엔지니어 vs 소프트웨어 엔지니어

▶ **시스템 엔지니어** : 하드웨어 및 소프트웨어의 모든 기술적 사항들을 종합적으로 검토하고 분석해서 업무 시스템에 적합한 정보 시스템으로 설계하고 관리하는 일을 해요.

▶ **소프트웨어 엔지니어** : 컴퓨터 하드웨어 시스템을 작동하고 제어하고 관리하는 데 필요한 소프트웨어를 전문적으로 개발하는 일을 해요.

이 나라 사람을 만나 보세요

인호 (고려 대학교 정보통신 대학 교수)

Q. 소프트웨어 엔지니어라는 직업의 매력과 장점은 무엇인가요?

건축가가 어떤 집을 만들지 생각해서 설계도를 그리고 이를 바탕으로 집을 짓듯이, 소프트웨어 엔지니어는 어떤 컴퓨터 프로그램을 만들지 생각해서 설계도를 만들고, 이를 바탕으로 프로그램을 개발하는 직업입니다. 워드 프로세서, 익스플로러, 게임 등은 모두 소프트웨어 엔지니어가 개발한 프로그램이지요. 이처럼 머릿속에서 상상했던 것들을 실제로 만들어 볼 수 있는 것이 이 직업의 장점이에요. 또 프로그램을 성공적으로 만들어 냈을 때의 성취감은 그 무엇과도 바꿀 수 없답니다.

Q. 소프트웨어 엔지니어를 꿈꾸는 어린이들에게 한 말씀 해 주세요.

상상을 많이 하는 어린이가 되세요. 남들과 다른 생각을 할 수 있는 사람이 빌 게이츠처럼 창의적인 프로그램을 만들 수 있습니다. 또 여러 사람들과 협동하는 일도 중요합니다. 혼자서 프로그램을 만들어 내기란 쉽지 않으니까요.

꼼꼼대륙

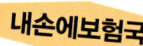

사고가 생기면 어디든 달려가는 손해 사정인
(Claims Adjuster)

어떤 나라인가요

살다 보면 갑자기 병에 걸릴 수도 있고, 사고를 당하거나 다칠 수도 있어요. 사람들은 이런 일에 대비하기 위해 보험을 들지요. 이곳은 사고가 났을 때 보험을 든 사람에게 보험금을 어느 정도 줄 것인지 판단하는 손해 사정인의 나라입니다. 보험사와 계약한 내용, 사고 상황 등을 판단해서 보험금의 액수를 결정하는 일을 하지요.

이 나라에서는 무엇을 잘해야 하나요

사고를 당한 사람이나, 사고를 낸 사람, 혹은 사고를 본 사람들로부터 이야기를 잘 듣고 올바르게 판단할 수 있어야 해요. 보험금을 많이 받으려고 속이는 사람들도 많거든요. 그리고 건축, 법률, 의학, 회계 등의 기본 지식도 필요해요.

이 나라는 앞으로 어떻게 발전할까요

우리 주변에는 여러 가지 위험이 있어요. 태풍, 홍수와 같은 자연 재해도 있고, 질병이나 교통 사고처럼 예상하지 못한 일들도 많이 생기지요. 사람들은 이런 위험에 대비해서 앞으로 더 많은 보험을 들 것이고, 더불어 손해 사정인도 더욱 늘어날 거예요.

이 나라에 가려면 어떤 준비를 해야 하나요

사람들의 이야기를 듣거나 자료를 보고 바른 판단을 하려면 국어 공부를 많이 해야 해요. 상식도 풍부해야 하므로 다양한 분야의 책을 읽는 것도 도움이 되지요. 대학에서 경제학이나 경영학을 공부하면 유리하답니다.

도움이 되는 공부 : 국어, 사회, 수학, 경제

좀 더 알아보아요

보험의 종류
- ▶ **생명 보험** : 사람의 사망 또는 생존 시에 일정한 금액을 보장해 주는 일체의 보험
- ▶ **손해 보험** : 자동차 사고나 화재, 질병이나 재해 등 우연한 사고 때문에 생기는 실제 손해에 대해 보상해 주는 보험

이 나라 사람을 만나 보세요

김준곤 (싱가포르, 손해 사정인)

Q. 손해 사정인이라는 직업의 매력과 장점은 무엇인가요?

손해 사정인은 사고가 났을 때 보험에 가입한 상태에서 사고를 낸 사람과 사고를 당한 사람의 이야기를 듣고 보험금을 주어야 할지, 금액은 어느 정도 주어야 할지 판단하는 일을 합니다. 양쪽의 의견을 듣고 합리적으로 판단을 내려야 하므로 조금 어려울 때도 있어요. 하지만 생활 형편이 어려운 분들을 도와드리면서 느끼는 보람이 크답니다. 또 내가 한 일의 결과를 바로 알 수 있어서 좋지요.

Q. 손해 사정인을 꿈꾸는 어린이들에게 한 말씀 해 주세요.

어떤 문제를 해결할 때 포기하지 않고 끈기 있게 매달릴 줄 아는 어린이에게 이 일을 해 보라고 권하고 싶어요. 손해 사정인은 문제가 생기면 끝까지 매달려서 해결해야 하거든요. 또 먼 훗날의 일이긴 하겠지만 보험 회사에 직접 방문해서 손해 사정 일을 경험해 보는 것도 큰 도움이 된답니다.

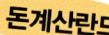 꼼꼼대륙 씩씩대륙

돈계산란드

돈 계산은 내게 맡겨라 회계사
(Accountant)

어떤 나라인가요

나가고 들어오는 돈을 따져서 셈하는 일을 전문적으로 하는 사람을 회계사라고 해요. 회계사는 개인, 기업, 정부, 단체 등을 위해 돈의 흐름을 계산해서 적절한지 아닌지 판단하지요. 회계사의 나라에 오신 것을 환영합니다!

이 나라에서는 무엇을 잘해야 하나요

돈과 관련된 여러 가지 서류를 꼼꼼하게 검토할 수 있어야 해요. 그러려면 수학을 잘해야 하고 문제점이 무엇인지 파악할 수 있는 능력도 길러야 해요. 또한 기업 경영을 포함한 경제에 대한 지식도 필요합니다.

이 나라는 앞으로 어떻게 발전할까요

경제가 발전하면서 회계사의 일이 점점 많아지고 있어요. 프리랜서로 일하거나 가게를 열어 개인 사업을 하는 사람들도 늘어나고, 회사들도 많아지고 있기 때문이지요. 돈이 들어오고 나가는 회계가 투명해져야 더욱 발전할 수 있으므로, 앞으로 경제가 발전할수록 더 많은 회계사가 활약하게 될 것으로 기대됩니다.

이 나라에 가려면 어떤 준비를 해야 하나요

돈의 흐름을 계산하려면 기본적으로 수학을 잘해야 해요. 또한 경제에 대한 지식도 필요하지요. 용돈 기록장을 만들어 용돈을 어떻게 쓰고 있는지 기록하는 습관을 들이세요. 대학에서 회계학이나 경제학, 경영학을 공부하면 유리하답니다.

도움이 되는 공부 : 수학, 국어, 사회, 경제

좀 더 알아보아요

회계사의 주요 업무
- ▶ **회계 업무 지도** : 기업들이 회계 업무와 결산 업무를 보는 데 필요한 일을 돕고 지도해요.
- ▶ **회계 감사 업무** : 회사가 작성한 회계 장부가 잘 작성되었는지 검사하고 고쳐줘요.
- ▶ **경영 자문 업무** : 기업의 새로운 사업 계획서를 검토하고, 경영 기획 전략을 세워주고, 다른 회사와의 합병 등에 대한 경영 자문을 해줘요.
- ▶ **세무 업무** : 개인이나 기업의 세금 관련 업무를 대신해줘요.

이 나라 사람을 만나 보세요
조성범 (미국, 남가주 한인 공인회계사 협회장)

Q. 회계사라는 직업의 매력과 장점은 무엇인가요?

회계사가 하는 일은 매우 다양합니다. 회사를 사고팔거나 회사의 경영권을 넘겨받거나 둘 이상의 회사가 서로 합쳐질 때 회사의 전반적인 사항에 대해 평가하는 회계사도 있고, 회사가 돈을 어떻게 사용하고 있는지 검토하고 세금 내는 것을 돕는 회계사도 있어요. 만약 회계사가 없다면 개인이나 회사가 돈을 투자하거나 예산을 세울 때 올바른 판단을 내리기 어려울 거예요. 회계사는 효과적인 투자와 사업 활동을 도와 경제가 원활하게 돌아갈 수 있도록 돕는 사람이에요. 참 매력적인 직업이지요!

Q. 회계사를 꿈꾸는 어린이들에게 한 말씀 해 주세요.

공인회계사 자격증을 따서 할 수 있는 일은 무척 다양합니다. 회계사로 활동할 수도 있고, 회사의 회계 팀에서 일할 수도 있으며, 회사의 재무 영역 대표 임원(CFO)이 되어 자신의 능력을 마음껏 발휘할 수도 있습니다. 개인의 적성에 따라 더 잘할 수 있는 분야를 고를 수 있답니다. 회계사에 관심이 있다면 꿈을 이루기 위해 천천히 노력해 보세요.

꼼꼼대륙

씩씩대륙

다음 여행을 떠나기 전에 잠시 쉬어 가요!

가장 마음에 들었던 직업은 무엇인가요?

무엇을 보았나요?

무엇을 느꼈나요?

인터넷 검색이나 관련 홈페이지를 방문하여 가장 마음에 들었던 직업에 대해 좀 더 알아보아요. 알게 된 내용은 정리해 두면 더 좋겠지요.

더 알게 된 내용을 적어 보세요.

꼼꼼대륙

씩씩대륙

열정적인 지도력이 이끌어가는 기업의 세계
씩씩대륙

씩씩대륙에서 우리가 여행할 곳은 모두 10개 나라예요.
외향적이고 사람들을 잘 설득할 줄 아는 이 나라 사람들은
모험심이 있고 낙관적이며 열정적이랍니다.

★ 경영 컨설턴트 (Management Consultant)
★ 기금 조성가 (Fund Raiser)
★ 뉴스 특파원 (News Correspondent)
★ 마케팅 전문가 (Marketing Specialist)
★ 브랜드 매니저 (Brand Manager)

펀펀대륙   곰곰대륙

당당대륙

★ 사설 탐정 (Private Investigator)
★ 애완동물 전문 변호사 (Pet Lawyer)
★ 외환 딜러 (Foreign Exchange Dealer)
★ 최고 경영자 (Top Executive)
★ 투자 분석가 (Financial Analyst)

친친대륙

꼼꼼대륙

기업쑥쑥이

씩씩대륙

회사 발전은 내게 맡겨라 경영 컨설턴트
(Management Consultant)

어떤 나라인가요

세상에는 수많은 회사들이 서로 치열하게 경쟁하고 있어요. 이곳은 회사의 경영 상태를 조사해서 문제점을 알아내고, 해결 방법을 알려 주는 경영 컨설턴트의 나라예요. 회사가 나아가야 할 방향, 조직, 사람 배치, 앞으로 생산할 상품 등 여러 가지 문제를 다룬답니다.

이 나라에서는 무엇을 잘해야 하나요

회사가 처해 있는 복잡한 상황을 정확히 이해하고 문제의 해결 방법을 내놓을 수 있어야 해요. 우리나라 및 세계 경제 현황은 물론 앞으로 어떻게 변할 것인지에 대한 지식도 많아야 하지요. 그리고 기업이 나가야 할 새로운 길을 자신 있게 제시할 수 있어야 해요.

이 나라는 앞으로 어떻게 발전할까요

사회가 발전함에 따라 다른 나라에 시장 문을 열게 되면서 각 나라의 기업들은 서로 경쟁하게 되었어요. 따라서 시장 상황을 잘못 판단하거나 앞으로의 발전 방향을 잘못 잡으면 기업이 망할 수도 있지요. 경영 컨설턴트는 기업이 바른 판단을 할 수 있도록 도움을 주므로, 앞으로 더 많은 회사에서 경영 컨설턴트에게 도움을 요청할 것으로 보여요.

이 나라에 가려면 어떤 준비를 해야 하나요

경영 컨설턴트가 되려면 경제와 기업 경영에 대해 전문적으로 공부해야 해요. 따라서 대학에서 경영학이나 경제학을 공부하면 유리하답니다.

도움이 되는 공부 : 사회, 국어, 수학, 경제

미리 가 볼 수 있어요

기관	홈페이지	소개
한국 경영 기술 컨설턴트 협회	www.kmtca.or.kr	자격 제도에 관한 안내 및 경영 컨설턴트 관련 자료들을 볼 수 있어요.
한국 능률 협회	www.kma.or.kr	산업 교육, 경영 컨설팅에 대한 소개 및 자료들을 볼 수 있어요.

이 나라 사람을 만나 보세요

김경란 (독일, 코리안-저먼 커뮤니케이션)

Q. 경영 컨설턴트라는 직업의 매력과 장점은 무엇인가요?

매번 다른 회사를 맡아 일하기 때문에 늘 새롭습니다. 여러 사람을 만나며 알게 되는 즐거움도 크고요. 저마다 다른 회사의 문화를 경험할 수 있는 것도 큰 장점이에요. 경영 컨설턴트는 고객인 회사에게 신뢰감과 만족감을 주기 위해 늘 노력해야 해요. 도전을 좋아하는 친구라면 꼭 추천하고 싶은 직업이지요. 다양한 상황에서 문제를 해결할 수 있는 능력과 풍부한 지식, 문제를 해결할 수 있다는 자신감과 긍정적인 성격을 가지고 있다면 꼭 도전해보라고 이야기하고 싶어요.

Q. 경영 컨설턴트를 꿈꾸는 어린이들에게 한 말씀 해 주세요.

외국에 나가 일하면서 그 나라의 문화나 언어에 대한 이해가 부족해서 힘들어하는 우리 기업들이 많아요. 이럴 때 다리 역할을 해 주는 것이 경영 컨설턴트이기 때문에 열린 마음으로 양쪽 기업을 이해하려는 노력이 필요하답니다. 더불어 우리나라 회사와 외국 회사가 서로 경쟁하는 시대이므로 외국어는 잘할수록 좋으니 열심히 공부해 두세요.

어려운 사람들의 친구 기금 조성가
(Fund Raiser)

어떤 나라인가요

이곳은 기금 조성가의 나라예요. 좋은 일을 하기 위해 사람들에게서 돈을 모으는 사람을 기금 조성가라고 하지요. 각종 교육 시설이나 어려운 사람들을 도와주는 사회복지 단체, 사회 운동 기관 등을 위해 돈을 기부할 사람들을 찾아내고 설득하는 일을 한답니다.

이 나라에서는 무엇을 잘해야 하나요

우선 해당 단체가 돈을 왜 필요로 하며 모인 돈으로 어떤 일을 하는지 정확히 알아야 해요. 그래야 사람들을 설득할 수 있으니까요. 복지 시설이나 사회 기관에 애정과 관심을 가지고 어떻게 도울 수 있을지 고민해야 하고, 돈과 관련된 일이므로 정직해야 하지요.

이 나라는 앞으로 어떻게 발전할까요

스스로 일어설 수 있도록 조금만 도와주면 힘들고 어려운 사람들도 사회의 일꾼으로 성장해서 우리나라를 발전시키는 데 큰 몫을 해낼 수 있어요. 가진 것이 많고 사회적 지위가 높을수록 어려운 사람들을 돕는 데 앞장서야 하지요. 다행히 우리나라에도 기부하는 사람들이 점점 늘어나고 있어서, 기금 조성가의 일은 앞으로 더욱 늘어날 것으로 보여요.

이 나라에 가려면 어떤 준비를 해야 하나요

사람들에게 글을 쓰거나, 전화를 걸거나, 직접 찾아가서 기부의 필요성에 대해 이야기하고 설득해야 해요. 그러려면 말하기와 듣기, 쓰기 등의 국어 능력이 필요해요.

도움이 되는 공부 : 사회, 국어, 경제

이 나라 사람을 만나 보세요
베키 안 (ICNPM 미국-한국 활동)

Q. 기금 조성가라는 직업의 매력과 장점은 무엇인가요?

　기금 조성가는 도움이 필요한 사람과 도움을 주려는 사람을 연결해 주는 사람이에요. 예를 들어, 마을에 도서관을 짓고 싶은데 돈이 없다면 여러 사람을 만나 기부금을 받아야 해요. 그러려면 왜 도서관이 필요한지 설명하고, 좋은 일을 함께 하자고 설득해야 합니다. 즉, 기금 조성가는 좋은 일을 모두 함께 할 수 있도록 퍼뜨리는 행복 전도사라고 할 수 있지요. 의사는 평생 수천 명의 생명을 구할 수 있지만, 기금 조성가는 수만 명의 생명을 구할 수 있는 아름다운 직업이랍니다.

Q. 기금 조성가를 꿈꾸는 어린이들에게 한 말씀 해 주세요.

　기금 조성가가 되고 싶은 친구들은 불우 이웃 돕기 행사나 바자회 등이 있을 때 적극적으로 참여해 보세요. 그러면 보람도 얻을 수 있고, 기금 조성을 하려면 어떻게 해야 하는지, 무엇이 필요한지 경험할 수 있답니다. 또 한 가지, 베풀 줄 아는 마음을 가져야 합니다. 기금 조성가는 남을 위해 봉사하는 마음이 없으면 하기 어려운 직업이거든요.

달려라뉴스국

씩씩대륙

뉴스를 말씀드리겠습니다 뉴스 특파원
(News Correspondent)

어떤 나라인가요

나라 밖에 새로운 소식이 생기면 외국에 나가 있는 기자가 뉴스를 전해 주지요. 이곳은 외국에 머물며 뉴스를 전해 주는 기자인 뉴스 특파원의 나라예요. 세계 곳곳에 있는 뉴스 특파원들은 그곳에서 일어나는 여러 사건과 사고를 우리에게 알려 주어요.

이 나라에서는 무엇을 잘해야 하나요

새 소식이 생기면 바로 취재를 나가야 하므로 일하는 시간이 규칙적이지 않고 주말에도 일할 때가 많아요. 따라서 일을 좋아해야 하며 몸도 튼튼해야 하지요. 사건 사고가 일어난 곳을 찾아 다니며 조사하고 인터뷰해야 하므로 성실해야 하구요. 또 글을 조리 있게 쓸 수 있는 능력도 필요하답니다.

이 나라는 앞으로 어떻게 발전할까요

요즘에는 인터넷과 해외 언론사들 덕분에 새로운 뉴스를 보다 쉽게 전해 들을 수 있게 되었어요. 하지만 뉴스는 신속성과 정확성이 가장 우선시 되어야 하는 만큼 뉴스 특파원의 역할은 더욱 중요해질 듯 보여요.

이 나라에 가려면 어떤 준비를 해야 하나요

듣기, 말하기, 쓰기를 포함한 국어 공부와 외국어를 잘해야 해요. 상식이 풍부하면 좋은 기사를 쓰는 데 도움이 되므로 책도 많이 읽어야 하지요. 주변의 크고 작은 일을 모아 가족 신문이나 학급 신문을 만들어 보면 기사 쓰는 능력을 기를 수 있답니다.

도움이 되는 공부 : 영어, 국어, 사회, 글쓰기

이 나라 사람을 만나 보세요
최이락 (일본, 연합뉴스 특파원)

Q. 뉴스 특파원이라는 직업의 매력과 장점은 무엇인가요?

저는 일본 도쿄에서 특파원으로 일하고 있습니다. 일본 우익 세력이 우리나라를 식민지로 삼았던 것이 당연하다고 주장하거나 독도가 자기네 땅이라고 억지를 썼을 때, 이에 대해 기사를 쓴 적이 있는데요. 이 기사 때문에 우리나라 안에서 일본에 대한 비판 여론이 일어나게 되어 일본 정부가 조심하는 태도를 보였습니다. 이렇게 특파원은 여론을 이끌어 가는 데서 생기는 사명감과 보람이 매우 크답니다.

Q. 뉴스 특파원을 꿈꾸는 어린이들에게 한 말씀 해 주세요.

취재 활동을 하려면 여러 사람을 만나야 하기 때문에 성격이 원만한 것이 좋습니다. 또 사건을 여러 측면에서 바라볼 수 있는 객관적인 시각도 필요합니다. 한 가지 관점에서만 생각하고 글을 쓰면 사람들에게 한 가지 가치만 심어 줄 위험이 있기 때문이지요. 주변 상황에 대해 늘 호기심을 가지고, 선생님이나 친구들과 깊이 있는 대화를 하는 것도 좋은 기자가 되기 위한 첫걸음이 된답니다.

마이다스의 손 마케팅 전문가
(Marketing Specialist)

어떤 나라인가요

기업이 잘되려면 물건을 잘 만드는 것만으로는 부족해요. 기업과 제품을 사람들에게 알리고 판매를 늘리기 위한 방법을 생각해 내는 사람이 필요한데, 이런 일을 하는 사람이 바로 마케팅 전문가예요. 이곳은 시장 상황을 조사해서 어떤 상품을 많이 팔 것인지 조사하는 일도 하고, 손님이 기업이나 제품에 대해 원하는 것을 기업에 알리는 일도 하는 마케팅 전문가의 나라랍니다.

이 나라에서는 무엇을 잘해야 하나요

경제가 어떻게 움직이는지 잘 알아야 해요. 소비자가 원하는 것이 어떻게 바뀌는지도 잘 알아낼 수 있어야 하고요. 또한 여러 사람들과 함께 일하는 경우가 많으므로 사람들과 의견을 잘 교환할 수 있어야 해요.

이 나라는 앞으로 어떻게 발전할까요

경제가 발전할수록 좋은 제품을 만드는 것 못지않게 소비자에게 잘 파는 것이 중요해요. 따라서 소비자가 원하는 것을 정확히 분석하고 상품 제작에 반영하는 마케팅 전문가의 역할이 더욱 중요해질 것으로 보여요.

이 나라에 가려면 어떤 준비를 해야 하나요

경제에 대해 공부를 많이 해야 해요. 말하기와 듣기를 포함한 국어 공부도 잘해야 하고요. 대학에서 경제학이나 경영학을 공부하면 유리해요.

도움이 되는 공부 : 사회, 국어, 수학, 경제

미리 가 볼 수 있어요

기관	홈페이지	소개
한국 마케팅 관리 학회	www.kmma.re.kr	마케팅 관련 학회 연구 논문 등의 자료를 볼 수 있어요.
한국 마케팅 학회	www.kma.re.kr	마케팅 연구 자료를 볼 수 있어요.

이 나라 사람을 만나 보세요

이장우 (이장우 브랜드마케팅 그룹 대표)

Q. 마케팅 전문가라는 직업의 매력과 장점은 무엇인가요?

마케팅 전문가의 매력은 자기가 꿈꾸는 일을 할 수 있다는 것입니다. 내가 꿈꾸는 대로 기획할 수 있고, 다른 사람을 만족시킬 수 있다는 것이 마케팅의 큰 매력이죠. 내가 마케팅을 한 제품이 사람들에게 좋은 반응을 얻을 때, 내가 마케팅한 제품이 1등으로 올라섰을 때, 고객이 내가 마케팅한 상품에 대해 크게 칭찬해 줄 때 큰 보람과 자부심을 느낍니다.

Q. 마케팅 전문가를 꿈꾸는 어린이들에게 한 말씀 해 주세요.

상상력을 키울 수 있는 여러 가지 활동을 해 보라고 권하고 싶어요. 만화책도 많이 읽고, 놀이공원에 가거나 여행을 떠나 신나게 노는 것도 중요하답니다. 그래야 자유롭게 생각할 수 있으니까요. 또 백화점이나 할인 마트에 가면 어떤 브랜드가 있는지 유심히 관찰해 보는 것도 훌륭한 마케팅 전문가가 되는 데 도움이 될 거예요.

제품을 더욱 돋보이게 만드는 브랜드 매니저
(Brand Manager)

어떤 나라인가요

텔레비전이나 냉장고 같은 가전 제품에는 삼성이나 엘지 같은 상표가 붙어 있어요. 이런 상표를 브랜드라고 하는데, 브랜드로 자기 회사의 제품을 다른 회사의 제품보다 돋보이게 만드는 사람이 브랜드 매니저예요. 어떤 제품이 잘 팔릴지 시장 조사를 하고, 텔레비전이나 신문, 잡지에 광고를 해서 브랜드를 널리 알리고 가치를 높이는 일을 해요. 이곳은 브랜드 매니저의 나라랍니다.

이 나라에서는 무엇을 잘해야 하나요

다른 사람들이 생각하지 못하는 새로운 아이디어를 내놓을 수 있어야 해요. 남과 다르게 생각하는 습관도 있어야 해요.

이 나라는 앞으로 어떻게 발전할까요

회사 사이의 경쟁이 치열해지면서 브랜드의 가치를 높이고 관리하는 일이 매우 중요해지고 있어요. 소비자들에게 친근하면서 믿음을 주는 브랜드의 제품이 잘 팔리기 때문이에요. 따라서 앞으로 브랜드 매니저의 활약은 더 커질 것으로 보여요.

이 나라에 가려면 어떤 준비를 해야 하나요

경제에 대한 공부가 필요하지요. 또 외국의 브랜드나 유행하는 물건을 분석하기 위해서는 외국어를 잘해야 해요. 대학에서 경영학이나 경제학을 공부하면 유리하답니다.

도움이 되는 공부 : 국어, 사회, 영어, 경제

좀 더 알아보아요

브랜드 매니저와 머천다이저의 차이점
- ▶ 브랜드 매니저 : 기업에 소속되어 브랜드의 컨셉과 광고 전략을 세우고, 모든 마케팅 활동을 관리하는 사람
- ▶ 머천다이저(MD) : 시장 조사 등을 통해 개성 강한 현대 소비자들이 좋아할 만한 상품들을 골라 기획하고 판매하는 일을 하는 사람

이 나라 사람을 만나 보세요

박경진 (함소아 제약 H&B 사업1팀 팀장)

Q. 브랜드 매니저라는 직업의 매력과 장점은 무엇인가요?

브랜드 매니저는 브랜드를 관리하는 사람입니다. 내가 맡은 제품에 대해 깊이 있게 고민하고, 책임과 소명 의식을 가지고 브랜드를 관리할 수 있어야 하지요. 내가 맡은 브랜드가 사람들에게 좋은 반응을 얻을 때, 브랜드의 가치가 높아져서 사람들에게 인정받을 때 큰 보람을 느낀답니다.

Q. 브랜드 매니저를 꿈꾸는 어린이들에게 한 말씀 해 주세요.

한 가지 물건이나 서비스를 정한 뒤 다양한 용도를 생각해 보세요. 같은 제품이나 서비스도 사람들에게 보여지는 것은 다 다를 수 있거든요. 예를 들어, 우리가 매일 보는 텔레비전 프로그램을 엄마의 입장에서, 아빠의 입장에서, 내 입장에서, 친구의 입장에서 각각 다르게 생각해 보는 거예요. 이렇게 다양성을 찾아내고 통찰력을 키우는 것이 브랜드 매니저가 해야 할 일이랍니다.

꼼꼼대륙

범인잡아리아

씩씩대륙

범인은 내가 잡는다 사설 탐정
(Private Investigator)

어떤 나라인가요

명탐정 셜록 홈즈를 알고 있나요? 아무리 복잡한 사건도 실마리를 찾아내서 사건을 해결하지요. 이곳은 사람들의 요청을 받아 사건을 조사하고 해결하는 사설 탐정의 나라랍니다.

이 나라에서는 무엇을 잘해야 하나요

정직한 마음을 가져야 해요. 사설 탐정은 사람들 사이의 이해에 얽힌 문제를 다루는 경우가 많기 때문이에요. 작은 실마리나 증거만 가지고도 문제를 해결해야 하므로 치밀하고 꼼꼼해야 하지요. 여기저기 다니면서 증거를 모아야 하기 때문에 체력도 건강해야 해요.

이 나라는 앞으로 어떻게 발전할까요

사회가 복잡해지면서 사람들 사이에 다툼과 사고가 많이 생기고 있어요. 보통은 경찰이 해결하지만, 경찰 조사만으로 부족함을 느낄 때 어떤 사람들은 사립 탐정에게 다시 조사를 부탁한답니다. 우리나라에는 정식 탐정 제도는 없지만, 앞으로 도입될 민간 조사관 제도가 사립 탐정과 비슷한 역할을 할 것으로 보여요.

이 나라에 가려면 어떤 준비를 해야 하나요

사립 탐정은 아주 다양한 문제를 다루어요. 탐정 소설을 읽어 보면 사설 탐정이 어떤 일들을 하는지 알 수 있지요. 사건의 원인을 추리하기 위한 사회와 과학 지식이 필요하고, 건강한 체력을 갖추기 위해 운동도 많이 해야 해요.

도움이 되는 공부 : 과학, 사회, 체육, 수학

이 나라 사람을 만나 보세요

프랭크 리 (미국, API 탐정 수사 본부)

Q. 사설 탐정이라는 직업의 매력과 장점은 무엇인가요?

어떤 사건이 일어나면 경찰에게 도움을 받아요. 하지만 경찰이 너무 바쁘거나 경찰 수사만으로 문제가 해결되지 않을 때, 사설 탐정에게 부탁하면 많은 도움을 받을 수 있답니다. 범인으로 몰린 사람의 억울함을 풀어 줄 때나 경찰이 미처 해결하지 못한 문제를 시원하게 해결할 때 매우 뿌듯함을 느끼지요. 또 어쩔 수 없는 사정으로 오랫동안 만나지 못했던 가족이나 친구를 찾아줄 때에도 매우 보람을 느낀답니다.

Q. 사설 탐정을 꿈꾸는 어린이들에게 한 말씀 해 주세요.

유능한 탐정이 되기 위해서는 다양한 지식을 갖고 있어야 해요. 또한 영어, 일본어 등 외국어를 잘해야 해요. 외국의 자료도 찾아봐야 하고, 외국에 있는 사람을 찾아야 하는 경우도 많기 때문이에요. 그러니 평소에 책을 많이 읽고, 외국어 공부를 열심히 하세요. 또 한 가지 중요한 것은 건강이에요. 여기저기 다니며 조사를 해야 하고, 때로는 험한 일도 해내야 하기 때문이지요. 머리와 몸을 함께 써야 어려운 일을 척척 해결하는 탐정이 될 수 있다는 것, 잊지 마세요!

꼼꼼대륙
강아지지켜국

씩씩대륙

동물에게도 법이 필요하다 애완동물 전문 변호사
(Pet Lawyer)

어떤 나라인가요

주인이 강아지에게 큰 재산을 물려주고 죽는다면 어떻게 해야 할까요? 강아지가 돈을 관리할 수도 없고, 다른 사람에게 재산을 빼앗길 수도 있으니 참 복잡하네요. 이처럼 애완동물 때문에 생기는 문제를 해결해 주는 사람이 애완동물 전문 변호사예요. 이곳은 애완동물이나 그 주인을 위해 법적인 문제를 도와주는 애완동물 전문 변호사의 나라랍니다.

이 나라에서는 무엇을 잘해야 하나요

동물을 사랑해야 하고, 애완동물과 관련된 법을 다루는 사람이므로 법에 대한 지식이 많아야 해요. 재판을 할 경우도 생기기 때문에 논리적으로 생각할 줄 알아야 하고, 사람들 앞에서 조리 있게 말할 수 있어야 하지요.

이 나라는 앞으로 어떻게 발전할까요

애완동물 변호사는 외국에만 있는 특이한 직업이에요. 하지만 우리나라에도 애완동물을 기르는 사람이 늘어나고 있어서, 앞으로 애완동물 문제를 전문적으로 다루는 변호사가 필요해질 것으로 보여요.

이 나라에 가려면 어떤 준비를 해야 하나요

동물을 사랑하는 마음이 있어야 해요. 논리적으로 생각하고 말하기 위해서 국어 공부도 열심히 해야 하구요. 대학에서 법에 대해 전문적으로 공부하면 좋아요.

도움이 되는 공부 : 국어, 과학, 사회, 법률

> 애완동물과 관련된 다른 직업도 알고 싶어요

★ **애견 미용사**
동물을 아름답고 깨끗하게 꾸미는 일을 해요. 개나 고양이 등 애완동물에 대한 전문적인 지식과 미용 기술을 가지고 애완동물의 미용과 청결을 맡아요.

★ **애완동물 모델 에이전트**
방송 프로그램, 영화, 드라마, CF 등에 애완동물의 출연을 연결시켜줘요. 다양한 애완동물을 모델로 등록하게 하고, 애완동물이 캐스팅될 수 있도록 도와준답니다.

★ **수의사**
동물의 질병을 예방, 진단, 치료하고 이를 위해 연구하고 자문하는 일을 해요. 애완동물뿐만 아니라 가축, 실험 동물, 수생 동물, 야생 동물 및 희귀 동물 등 모든 동물을 대상으로 진료하고 연구해요.

★ **펫 시터**
베이비 시터가 유아를 돌봐주듯이 펫 시터는 애완동물을 돌봐주어요. 맞벌이 부부나 혼자 살며 일하는 사람들의 애완동물을 주인이 원하는 시간 동안 산책시키고 운동시키며 돌봐주지요.

★ **애견 트레이너**
경찰견, 맹도견 등 전문견 훈련은 물론 애완견도 훈련시켜요. 특히 실내에서 기르는 경우가 많은 애완견에게는 실내 생활에 필요한 기술을 훈련시켜요.

★ **포펫 운영자**
애견을 기를 때 필요한 애견 용품을 팔아요. 애견 주인의 소비 욕구를 충족시켜 줄 수 있도록 다양한 용품을 갖추고, 서비스를 제공하지요.

이야~ 강아지와 관련된 직업의 종류도 정말 다양하구나~!

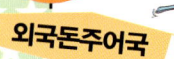

외국돈주어국

돈 장사꾼 외환 딜러
(Foreign Exchange Dealer)

어떤 나라인가요

이곳은 물건을 사고팔듯이 외국 돈을 사고팔아 이익을 내는 외환 딜러의 나라예요. 돈의 가격은 때에 따라 오르내리는데, 외국 돈을 쌀 때 사서 비싸게 팔면 이익을 얻을 수 있지요.

이 나라에서는 무엇을 잘해야 하나요

어느 순간에 외국 돈을 사고팔지 빠르고 정확하게 판단해야 해요. 하루 종일 외국 돈의 가격을 관찰해야 하므로 참을성이 필요해요. 돈의 가격이 얼마나 오르내릴지 분석해야 하므로 경제 변화를 읽을 수 있는 지식이 필요하지요.

이 나라는 앞으로 어떻게 발전할까요

물건을 수출할 때 외국 돈의 가격이 오르면 평소보다 이득을 보게 되고, 반대로 외국 돈의 가격이 갑자기 떨어지면 손해를 보게 돼요. 이처럼 돈의 가격이 오르내림에 따라 물건을 수입하거나 수출할 때 이득을 볼 수도 있고 손해를 볼 수도 있지요. 이런 이유로 은행 등의 금융 기관이나 큰 회사에서는 많은 외환 딜러들이 활약하고 있어요. 경제가 발전함에 따라 시장이 커지고 있어서 앞으로 더 많은 외환 딜러들이 활약할 것으로 보여요.

이 나라에 가려면 어떤 준비를 해야 하나요

경제에 대해 전문적으로 공부해야 해요. 외국 경제 사정도 잘 알아야 하기 때문에 외국어 공부도 필요하구요. 대학에서 경제학이나 회계학을 공부하면 유리해요.

도움이 되는 공부 : 사회, 영어, 수학, 경제

미리 가 볼 수 있어요

기관	홈페이지	소개
한국 금융 연수원	www.kbi.or.kr	금융 관련 전문 인력 양성 교육 및 과정에 대해 알 수 있어요.
한국 무역 협회	www.kita.net	무역 통계 및 무역에 관한 정보를 볼 수 있어요.

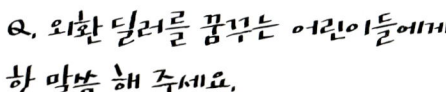

이 나라 사람을 만나 보세요
조현석 (외환은행 외환운용 팀 과장)

Q. 외환 딜러라는 직업의 매력과 장점은 무엇인가요?

외환 딜러는 국제 금융 시장에서 환율을 다루는 직업입니다. 수시로 오르고 내리는 돈의 흐름을 쫓아가려면 여러 방면의 지식이 필요하므로 꾸준히 공부해야 합니다. 이렇게 끊임없이 공부하고 노력하는 직업이라는 점이 참 매력적입니다. 또 환율은 수시로 오르내리기 때문에 때로는 손해를 보기도 하고 때로는 이익을 내기도 하는데, 어려운 상황에서도 크게 이익을 낼 때 무척 보람을 느낍니다.

Q. 외환 딜러를 꿈꾸는 어린이들에게 한 말씀 해 주세요.

외환 딜러가 되려면 끊임없는 자기 계발과 세계 경제의 흐름을 따라가려는 부지런함을 갖추어야 합니다. 다양한 지식이 필요한 직업이기 때문에 평소에 책을 많이 읽는 것도 중요하답니다.

꼼꼼대륙

회사일짱

씩씩대륙

회사를 대표하는 최고 경영자
(Top Executive)

어떤 나라인가요

최고 경영자의 나라에 오신 것을 환영합니다. 기업을 대표하는 사람을 최고 경영자라고 해요. 흔히 사장이나 회장이라고 불리지요. 최고 경영자는 회사가 나아가야 할 방향을 제시하고, 회사를 발전시키기 위해 중요한 결정을 해야 해요. 직원들이 신나게 일할 수 있도록 희망을 제시하고, 좋은 직장 분위기도 만들어야 해요.

이 나라에서는 무엇을 잘해야 하나요

회사의 목표를 정하고 사람들을 잘 이끌어야 해요. 밤낮없이 회사 일을 고민해야 하고, 주말에도 일하는 경우가 많기 때문에 몸도 튼튼해야 한답니다.

이 나라는 앞으로 어떻게 발전할까요

경제가 발전하면서 날마다 수많은 회사가 생기고, 경쟁도 치열해지고 있어요. 회사의 성장과 발전은 최고 경영자가 회사를 어떻게 이끄느냐에 따라 달라지기 때문에 최고 경영자의 능력이 점점 중요해지고 있어요.

이 나라에 가려면 어떤 준비를 해야 하나요

경제 상황을 분석하고 회사가 나아갈 방향을 정해야 하기 때문에 경제에 대한 지식이 필요해요. 대학에서 경영학이나 경제학을 공부하면 유리하지요. 우리나라뿐만 아니라 외국의 회사와도 경쟁해야 하므로 외국어 실력도 뛰어나야 해요. 사교성과 조리 있게 말하는 능력도 필요하답니다.

도움이 되는 공부 : 영어, 사회, 국어, 경제

미리 가 볼 수 있어요

기관	홈페이지	소개
다국적 기업 최고 경영자 협회	www.kcmcgroup.com	다국적 기업 한국인 CEO들의 다양한 교류와 회원 활동이 있는 곳이에요.
나도 최고 경영자가 될 수 있다	www.iamceo.net	임원급 회원 동호회로 경영 이야기, 우수 사례, 추천 도서 등이 실려 있어요.

이 나라 사람을 만나 보세요

정명훈 (미국, 한나이슬 최고 경영자)

Q. 최고 경영자라는 직업의 매력과 장점은 무엇인가요?

"꿈은 이루어진다"라는 말을 들어 본 적 있나요? 열심히 노력하면 꿈을 이룰 수 있다는 말이에요. 사람들은 누구나 꿈을 가지고 있지만 이런저런 문제들 때문에 벽에 부딪히는 경우가 많아요. 하지만 최고 경영자는 꿈을 실현하는 데 한계가 없답니다. 목표를 세운 뒤 그것을 향해 달려갈 수 있지요. 이것이 최고 경영자의 가장 큰 매력입니다.

Q. 최고 경영자를 꿈꾸는 어린이들에게 한 말씀 해 주세요.

최고 경영자에게 있어서 가장 중요한 것은 사람들과의 관계입니다. 여러 사람과 힘을 합쳐야 꿈을 이룰 수 있기 때문이지요. 좋은 사람들을 많이 만나고 그들과의 관계를 잘 가꾸어 보세요. 그 사람들이 여러분의 가장 큰 재산이 될 거예요.

사람은 누구나 실수를 하고 문제에 부딪히면 좌절하게 됩니다. 하지만 꿈을 포기하지 마세요. 실수를 하거나 문제에 부딪혀도 실망하지 말고 꼭 다시 일어나 꿈을 향해 달려가세요.

주식 도사 투자 분석가
(Financial Analyst)

어떤 나라인가요

세상에는 아주 많은 회사가 있어요. 회사는 주식을 팔아 필요한 돈을 모으고, 이익이 생기면 주식을 산 사람들에게 나누어 주지요. 하지만 이익이 나지 않거나 회사가 망하면 그 회사의 주식을 산 사람들은 투자한 돈을 잃게 된답니다. 투자 분석가는 여러 가지 상황을 분석해서 어떤 회사의 주식을 사면 이익이 될지 알려 주는 사람이에요. 시장의 흐름과 회사의 상태, 주식의 움직임 등을 종합적으로 분석하지요. 이곳은 바로 투자 분석가의 나라랍니다.

이 나라에서는 무엇을 잘해야 하나요

시장과 경제의 흐름을 잘 분석하고 앞으로의 방향을 판단할 수 있어야 해요. 과감하게 결정할 수 있는 결단력도 있어야 하고, 사람들 앞에서 조리 있게 말하고 설득할 수 있어야 하지요.

이 나라는 앞으로 어떻게 발전할까요

경제가 발전하면서 사람들이 투자할 수 있는 회사도 많아졌어요. 하지만 개인이 어떤 회사에 투자하면 좋은지, 어떤 회사가 발전 가능성이 있는지 아는 것은 쉽지 않아요. 따라서 앞으로 더 많은 투자 분석가들이 필요할 것으로 보여요.

이 나라에 가려면 어떤 준비를 해야 하나요

경제에 관해 체계적으로 공부해야 해요. 각종 자료와 수치를 분석해야 하므로 수학 공부도 필요해요. 대학에서 경영학, 경제학, 회계학, 통계학 등을 공부하면 유리해요.

도움이 되는 공부 : 사회, 수학, 국어, 경제

미리 가 볼 수 있어요

기관	홈페이지	소개
한국 금융 투자 협회	www.ksda.or.kr	증권 시장 관련 각종 통계 자료와 투자 절차에 대해 알 수 있어요.
금융 투자 교육원	www.kifin.or.kr	증권 관련 교육 과정 및 자격증 신청 방법에 대해 알 수 있어요.

이 나라 사람을 만나 보세요

류제현 (홍콩, 미래에셋 홍콩 법인)

Q. 투자 분석가라는 직업의 매력과 장점은 무엇인가요?

세계 금융 시장의 중심에서 한국인으로 일한다는 자부심, 세계 경제에 이바지한다는 뿌듯함이 무엇보다 큽니다. 또 새로운 분야를 개척해 가면서 생기는 보람도 크고요. 외국에서 지내다 보면 때로는 우리나라와 다른 문화적 차이 때문에 당황할 때가 많습니다. 하지만 이런 것들을 극복하는 과정에서 세상을 보는 눈이 넓어지고, 나 자신도 성장할 수 있다는 생각으로 늘 힘을 낸답니다.

Q. 투자 분석가를 꿈꾸는 어린이들에게 한 말씀 해 주세요.

앞으로 우리나라 경제는 점점 더 발전하게 될 것입니다. 여러분이 일할 나이가 되는 10년, 20년 뒤에는 금융 전문가가 더 매력적인 직업이 될 테고요. 그 가운데에서도 투자 분석가가 더 많은 활약을 할 것으로 보입니다. 우리나라와 세계 경제에 꾸준히 관심을 가지고 지켜보세요. 그리고 사소한 것에도 호기심을 가지고 꾸준히 탐구하세요. 앞으로 최고의 투자 분석가가 될 여러분에게 미리 응원의 박수를 보냅니다.

꼼꼼대륙　　　　　　　　　　　　　　　　　　　　　씩씩대륙

다음 여행을 떠나기 전에 잠시 쉬어 가요!

씩씩대륙 10개 나라를 여행한 느낌이 어때요? 여러분은 어떤 나라 어떤 직업이 가장 마음에 들었나요?

가장 마음에 들었던 직업은 무엇인가요?

――――――――――――――――――

무엇을 보았나요?

――――――――――――――――――

――――――――――――――――――

무엇을 느꼈나요?

――――――――――――――――――

――――――――――――――――――

더 알게 된 내용을 적어 보세요.

풍부한 상상력과 감수성으로 창조되는 예술의 세계

펀펀대륙

펀펀대륙에서 우리가 여행할 곳은 모두 15개 나라예요.
개성이 강하고 자유분방한 이 나라 사람들은
상상력이 풍부하고 감수성이 강하답니다.

★ 공원 전문가 (Park Naturalist)
★ 그래픽 디자이너 (Graphic Designer)
★ 레스토랑 비평가 (Restaurant Critic)
★ 미술 치료사 (Art Therapist)
★ 바비 인형 드레스 디자이너 (Barbie Doll Dress Designer)
★ 쇼콜라티에 (Chocolatier)
★ 애니메이션 작가 (Animation Writer)
★ 연설문 작성가 (Speech Writer)

펀펀대륙

★ 영상 편집기사 (Motion Picture Camera Editor)
★ 음식 조각가 (Food Sculptor)
★ 음향 기사 (Sound Technician)
★ 일러스트레이터 (Illustrator)
★ 작곡가 (Composer)
★ 테크니컬 라이터 (Technical Writer)
★ 해양 건축가 (Marine Architect)

꼼꼼대륙 / 씩씩대륙

파크랜드

공원을 디자인하는 공원 전문가
(Park Naturalist)

어떤 나라인가요

에버랜드나 롯데월드 같은 놀이동산이나 경치가 아름다운 국립 공원에 가 본 적이 있지요? 공원 전문가는 사람들이 즐겁고 편안하게 쉴 수 있도록 공원과 갖가지 시설을 생각해 내는 사람을 말해요. 한마디로 공원을 예쁘게 꾸미는 디자이너라고 할 수 있지요. 이곳은 바로 공원 전문가의 나라랍니다.

이 나라에서는 무엇을 잘해야 하나요

공원을 만들려면 공원이 들어설 곳의 역사와 자연적인 특성에 대해 잘 알아야 해요. 따라서 역사와 과학에 대한 지식이 풍부해야 하지요. 또 여러 사람의 의견도 잘 들을 줄 알아야 한답니다.

이 나라는 앞으로 어떻게 발전할까요

사람들이 즐겁게 놀고 편히 쉴 수 있는 곳이 공원이에요. 사회가 복잡해지고 사람들이 바빠질수록 쉬면서 스트레스를 풀 수 있는 공원의 중요성이 커지고 있어요. 더 멋있고 새로운 공원을 만들어 줄 공원 전문가의 활약이 기대돼요.

이 나라에 가려면 어떤 준비를 해야 하나요

공원 전문가가 되려면 공원에 대한 지식이 풍부해야 해요. 먼저 우리나라에 있는 공원을 가 보고 좋은 점과 나쁜 점을 꼼꼼히 기록하세요. 또 인터넷으로 외국 공원에 대해 살펴보는 것도 좋아요. 대학에서 건축이나 미술 관련 공부를 하면 유리하답니다.

도움이 되는 공부 : 과학, 미술, 국어, 공업

좀 더 알아보아요

공원의 종류
- ▶ 자연 공원 : 자연 풍경이 좋은 곳을 정해 국가나 지방 정부가 보호하고 관리하는 공원
  – 국립 공원과 도립 공원 등
- ▶ 도시 공원 : 도시나 도시 근처에 시민의 건강과 휴식을 위해 만든 공원
  – 도시 자연 공원, 근린 공원, 어린이 공원, 묘지 공원, 체육 공원 등

놀이공원에서 일하는 다른 직업도 알고 싶어요

★ **이벤트 기획가**
계절별 축제, 공연, 퍼레이드(행진) 등 다양한 이벤트로 고객의 관심과 흥미를 끌 수 있도록 이벤트 계획을 세우고 실행하는 사람이에요. 고객이 원하는 것을 잘 이해하고 계절별, 주제별 특성을 잘 살려서 계획을 세워야 해요.

★ **놀이공원 무용 단원**
놀이공원에서 예쁜 캐릭터 의상을 입고 퍼레이드와 이벤트 공연을 하는 사람이에요. 놀이공원 무용 단원은 춤만 추는 것이 아니라 아이들과 악수도 하고 인사도 나누지요. 관객과 마주 대하는 경우가 많으므로 인성 교육이 중요해요.

★ **인명 구조 요원**
해수욕장이나 놀이공원에서 갑자기 사고를 당한 사람들의 생명을 구하는 일을 하는 사람이에요. 위험에 빠진 사람이 없는지 항상 관찰하면서 사고가 나면 곧바로 구조해야 해요. 사고를 당한 사람을 안전한 장소로 옮기고, 심장이 멈추었을 때에는 심장이 다시 뛰도록 조치를 취하기도 해요.

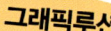 

아름다움의 창조자 그래픽 디자이너
(Graphic Designer)

어떤 나라인가요

포스터나 신문, 잡지의 광고는 눈여겨보지 않아도 한눈에 쏙 들어오지요. 사진, 그림, 애니메이션 등 다양한 형식으로 되어 있고 전하려고 하는 것이 분명하거든요. 이곳은 그래픽 디자인을 하는 그래픽 디자이너의 나라랍니다.

이 나라에서는 무엇을 잘해야 하나요

아름다운 것과 새로운 것에 늘 관심을 가져야 해요. 독특한 아이디어도 필요하고, 여러 사람과 함께 일을 해야 하므로 다른 사람의 생각과 내 의견을 잘 조화시키는 능력도 필요해요.

이 나라는 앞으로 어떻게 발전할까요

텔레비전이나 신문, 잡지의 광고, 영화 포스터, 인터넷 사이트처럼 그래픽 디자인이 필요한 곳이 점점 늘어나고 있어요. 사람들의 관심을 끄는 멋진 디자인도 점점 많아지고 있고요. 앞으로 더 많은 그래픽 디자이너들이 더 멋진 디자인을 만들어 낼 것으로 기대돼요.

이 나라에 가려면 어떤 준비를 해야 하나요

색에 대해 많이 알아야 해요. 사람들의 눈을 편안하게 만드는 색, 사람들의 눈에 띄는 색 등 색에 대해 다양하게 공부하세요. 대학에서 미술 관련 공부를 하면 유리해요. 또 디자인이 발달한 선진국의 흐름을 알기 위해 영어나 일본어 같은 외국어를 배우는 것도 좋아요.

도움이 되는 공부 : 미술, 국어, 영어, 컴퓨터

펀펀대륙

좀 더 알아보아요

포트폴리오

디자이너가 자신이 과거에 만든 작품이나 관련 내용 등을 모아 놓은 작품집이에요. 일종의 경력 증명서이지요. 실력과 경력을 중요하게 여기는 디자인 업계에서 자신의 실력을 남에게 보여 주기 위한 중요한 자료이므로, 독창성과 능력을 한눈에 알아볼 수 있도록 단순하고 명확하게 만드는 것이 좋답니다.

이 나라 사람을 만나 보세요

김창식 (미국, 산호세 주립 대학 그래픽 디자인과 교수)

Q. 그래픽 디자이너라는 직업의 매력과 장점은 무엇인가요?

가장 큰 장점은 자신이 좋아하는 일을 직업으로 삼을 수 있다는 것입니다. 그림 그리는 것을 좋아하는 사람만이 이 직업을 가질 수 있거든요. 이렇게 자신이 좋아하는 일을 하면서 다른 사람들이 좋아하는 작품을 만든다는 것 또한 이 직업이 가지고 있는 매력입니다. 사람들이 내 작품을 보고 좋아할 때의 뿌듯함은 이루 말할 수 없지요. 또한 늘 다른 주제를 다루기 때문에 지식과 경험을 넓힐 수 있어요. 아이디어와 체력만 있다면 평생 할 수 있는 직업이랍니다.

Q. 그래픽 디자이너를 꿈꾸는 어린이들에게 한 말씀 해 주세요.

궁금한 것이 생기면 적극적으로 탐구해 보세요. 꼭 미술 분야가 아니어도 좋아요. 직접 경험하지 않고 머리로만 답을 찾으려고 하는 경우가 많은데 직접 몸으로 부딪쳐서 느끼는 것이 중요해요. 다양한 경험과 상상력이 함께 어우러져야 멋진 아이디어를 낼 수 있고, 이를 바탕으로 훌륭한 작품을 만들 수 있으니까요.

꼼꼼대륙 푸드리아   씩씩대륙

맛있는 음식을 찾아서 레스토랑 비평가
(Restaurant Critic)

어떤 나라인가요

밖에서 음식을 사 먹어야 할 때 맛있는 식당을 알면 아주 편리하지요. 이곳은 여러 식당을 다니면서 자신이 먹은 음식에 대해 좋은 점과 나쁜 점을 글로 써서 사람들에게 알려 주는 레스토랑 비평가의 나라랍니다. 음식의 맛뿐만 아니라 직원들이 친절한지, 주방은 깨끗한지, 식당 분위기는 어떤지도 잘 관찰해서 알려 주지요.

이 나라에서는 무엇을 잘해야 하나요

먼 곳에 있는 식당까지 찾아가야 하므로 부지런하고 건강해야 해요. 음식의 맛과 멋을 함께 볼 줄 아는 능력도 필요하고요. 평가한 글이 식당을 살리기도 하고 죽이기도 하기 때문에 정직해야 해요.

이 나라는 앞으로 어떻게 발전할까요

새로운 식당은 끊임없이 생겨나고 있어요. 레스토랑 비평가는 바쁜 사람들을 대신해서 새로운 식당을 찾아가 어떤 점이 좋고 나쁜지 알려 주지요. 요즘에는 취미로 레스토랑 비평을 하는 사람들도 늘어나고 있으므로, 앞으로 점점 더 많은 레스토랑 비평가들이 곳곳의 식당을 찾아다니며 음식 맛을 평가해 줄 거예요.

이 나라에 가려면 어떤 준비를 해야 하나요

식당에 갈 때 카메라로 음식을 찍고 맛에 대한 느낌을 글로 적어 보면 좋아요. 또 음식 만드는 방법을 알면 좋은 비평을 할 수 있지요. 음식의 모양이 얼마나 아름다운지, 식당을 얼마나 예쁘게 꾸몄는지도 평가해 줄 수 있어야 하므로 미술 공부도 필요하답니다.

도움이 되는 공부 : 실과, 미술, 영어, 국어

펀펀대륙

좀 더 알아보아요

세계 10대 베스트 레스토랑
1. 엘 불리(에스파냐) 2. 팻 덕(영국) 3. 노마(덴마크) 4. 무가리츠(에스파냐)
5. 엘 셀라드 칸 로사(에스파냐) 6. 파르 세(미국) 7. 브라스(프랑스)
8. 아르자크(에스파냐) 9. 피에르 가니에르(프랑스) 10. 얼리니아(미국)

이 나라 사람을 만나 보세요
강지영 (top table 대표)

Q. 레스토랑 비평가라는 직업의 매력과 장점은 무엇인가요?

세계 각국을 다니며 맛난 음식을 맛볼 수 있다는 것이 일단 가장 큰 장점이에요. 음식에 대해 연구하면서 세계 여러 나라의 문화에 대해 많은 것을 배우게 된다는 점도 장점이고요. 그 과정에서 각 나라의 언어와 사람들의 특성을 알게 되므로 글로벌한 마인드를 갖게 된다는 점이 특히 매력인 것 같네요.

Q. 레스토랑 비평가를 꿈꾸는 어린이들에게 한 말씀 해 주세요.

얼핏 보면 맛난 것 먹으며 쉽게 돈을 버는 직업 같겠지만, 레스토랑 비평가는 결코 쉬운 직업이 아니에요. 레스토랑을 다니면서 자신의 돈을 써야 하고, 처음에는 글을 써도 많은 돈을 벌지 못하거든요. 또한 감정에 치우치지 않고 객관적으로 음식 평론을 하기 위해서는 공부도 많이 해야 해요. 하지만 음식과 음식 문화 자체를 좋아해서 열심히 노력하다 보면, 수입도 생기고 이름도 알릴 수 있는 기회가 올 거라고 말하고 싶네요.

꼼꼼대륙 · 씩씩대륙

아트쌤국

마음을 고쳐 주는 미술 치료사
(Art Therapist)

어떤 나라인가요

마음에 상처를 가진 사람들이 그린 그림을 보면, 어떤 문제를 가지고 있는지 알 수 있어요. 이곳은 그림 그리기나 조각 작품 만들기 등의 미술 활동을 통해 정신적, 혹은 신체적으로 어려움을 겪고 있는 사람들을 치료해 주는 미술 치료사의 나라예요.

이 나라에서는 무엇을 잘해야 하나요

미술 치료는 어린아이나 노인, 혹은 장애우처럼 사회적으로 약한 사람들이 받는 경우가 많아요. 따라서 이런 사람들을 잘 이해해야 하고, 도우려는 마음을 가져야 한답니다. 또 미술에 대한 지식도 많이 필요하지요.

이 나라는 앞으로 어떻게 발전할까요

사회가 복잡해지고 살기 어려워지면서 미술 치료를 받아야 하는 사람들도 늘어나고 있어요. 현재 미술 치료사는 보건소, 종합 병원, 정신 병원, 사회복지 기관, 심리 상담소, 소년원, 교도소 등에서 일하고 있는데, 앞으로 더 많은 곳에서 활약할 것으로 기대돼요.

이 나라에 가려면 어떤 준비를 해야 하나요

미술 공부를 많이 해야 해요. 또 책을 많이 읽어서 다양한 분야의 지식을 쌓아야 해요. 사회복지관이나 보육원에서 봉사 활동을 하며 어려움에 처한 사람들의 마음을 이해해 보세요. 대학에서 미술학, 복지학, 아동학, 교육학, 간호학 등을 전공하면 유리해요.

도움이 되는 공부 : 미술, 사회, 국어, 사회복지

펀펀대륙

미리 가 볼 수 있어요

기관	홈페이지	소개
한국 미술 심리 치료 협회	www.kapa.pe.kr	미술, 색채, 모래 놀이 심리 치료사에 대한 소개 및 교육 과정, 관련 자료 들을 볼 수 있어요.
한국 아동 미술 치료 협회	www.kata.ne.kr	미술 치료사에 대한 소개 및 자격 안내, 관련 자료 및 치료 사례 등을 볼 수 있어요.

이 나라 사람을 만나 보세요

김효식 (미국, 뉴욕 가정 상담소 미술 치료사)

Q. 미술 치료사라는 직업의 매력과 장점은 무엇인가요?

그림 그리기, 만들기 같은 재미있는 미술 활동을 많이 할 수 있다는 점이 가장 큰 장점이에요. 미술 치료에서는 잘 그린 그림, 못 그린 그림이 없어요. 모든 작품이 소중하답니다. 창작 활동을 하면서 다른 사람을 도울 수 있다니 정말 멋있지 않나요?

Q. 미술 치료사를 꿈꾸는 어린이들에게 한 말씀 해 주세요.

어려운 사람을 돕고 싶다는 따뜻한 마음이 가장 필요해요. 미술 치료사는 화려하지도, 수입이 많지도 않습니다. 아직 널리 알려진 직업이 아니라서 인정받기도 어렵고, 이 일에 대해 모르는 사람들도 많거든요. 하지만 사람과의 만남을 소중히 여기고, 남을 돕고 싶은 마음을 가지고 있다면 보람을 느낄 수 있을 거예요. 따뜻한 마음과 미술을 향한 열정을 가진 어린이들은 꼭 도전해 보세요.

바비귀여워라

작은 세계의 창조자 바비 인형 드레스 디자이너
(Barbie Doll Dress Designer)

어떤 나라인가요

바비 인형 드레스 디자이너의 나라에 오신 것을 환영합니다. 우리 어린이들은 큰 눈과 오똑한 코, 긴 팔다리를 가진 바비 인형을 좋아하지요. 이런 바비 인형의 옷을 전문적으로 만드는 사람이 있는데, 이 사람을 바비 인형 드레스 디자이너라고 해요.

이 나라에서는 무엇을 잘해야 하나요

유행에 맞는 사람들에게 인기 있는 옷을 만들어 낼 수 있는 창의력이 필요해요. 또 인형이 입을 작은 옷을 만드는 일이므로 꼼꼼하고 손재주가 좋아야 하지요.

이 나라는 앞으로 어떻게 발전할까요

바비 인형은 유행에 따라 머리 모양과 화장, 옷의 스타일을 계속해서 바꾸어 왔어요. 또한 나라와 인종에 따라 피부색과 얼굴 모양이 조금씩 다르답니다. 그래서 바비 인형의 인기는 계속되고 있어요. 바비 인형을 사랑하는 사람들이 있는 한, 바비 인형 드레스 디자이너의 일은 계속될 거예요.

이 나라에 가려면 어떤 준비를 해야 하나요

그림 그리기나 만들기 같은 다양한 미술 활동을 하면 좋아요. 손재주도 키울 수 있고, 미술적인 감각을 기를 수 있으니까요. 인형 옷을 직접 디자인해서 만들어 보면 실력을 기를 수 있답니다. 또 외국에 무엇이 유행하는지 알려면 영어 같은 외국어도 필요해요.

도움이 되는 공부 : 미술, 실과, 영어, 디자인

펀펀대륙

좀 더 알아보아요

바비 인형의 역사

바비 인형은 1959년에 태어났어요. 장난감 만드는 사람인 루스 핸들러가 처음으로 만들었는데, 자기 딸의 이름 바바라(Barbara)에서 바비(Barbie)라는 이름을 따왔다고 해요.

디자이너의 종류에 대해 알고 싶어요

★ **제품 디자이너**

소비자들이 생활하는 데 필요한 모든 제품, 즉 생활용품, 문구 및 완구류, 전기·전자 제품, 자동차, 가구, 귀금속, 도자기 등을 디자인하는 일을 해요. 자동차 디자이너, 문구 디자이너, 가구 디자이너, 인테리어 용품 디자이너, 완구 디자이너, 캐릭터 디자이너 등이 그 예예요.

★ **패션 디자이너**

양복, 한복, 남성복, 여성복, 아동복 등 각종 의류와 액세서리, 가방 및 신발의 새로운 디자인을 계획하고 샘플을 제작하는 일을 해요. 의상 디자이너, 액세서리 디자이너, 가방 디자이너, 신발 디자이너 등이 그 예랍니다. 바비 인형 드레스 디자이너도 패션 디자이너에 속해요.

★ **실내 장식 디자이너**

주택, 사무실, 상가 건물의 내부 환경을 그 기능과 용도에 맞도록 설계하고 장식하는 일을 해요. 인테리어 디자이너, 영화 세트 디자이너, 무대 디자이너 등이 그 예랍니다.

★ **시각 디자이너**

정보가 시각을 통해 효율적으로 표현되고 전달될 수 있도록 이미지를 만들고 디자인한 결과를 시각적으로 표현하는 일을 해요. 광고 디자이너, 포장 디자이너, 북 디자이너 등이 그 예랍니다.

★ **웹 디자이너**

인터넷 사이트의 정보를 가장 효과적으로 전달할 수 있도록 이미지, 동영상, 글자의 형태와 크기 등을 디자인하는 일을 해요.

꼼꼼대륙 / 씩씩대륙

쵸코리아

초콜릿 마법사 쇼콜라티에
(Chocolatier)

어떤 나라인가요

달콤한 초콜릿을 만드는 쇼콜라티에의 나라에 오신 것을 환영합니다. 공장에서 대량으로 만드는 것이 아니라 자신만의 고유한 맛과 멋을 내는 독특한 초콜릿을 만드는 사람을 쇼콜라티에라고 해요.

이 나라에서는 무엇을 잘해야 하나요

우선 초콜릿을 아주 좋아해야 해요. 또 손재주가 좋아야 예쁜 초콜릿을 만들 수 있어요. 독특한 초콜릿을 만들려면 창의력도 필요해요.

이 나라는 앞으로 어떻게 발전할까요

각종 기념일에 초콜릿을 선물하는 사람들이 많아지고 있어요. 요즘에는 공장에서 만드는 초콜릿 대신 쇼콜라티에가 만든 초콜릿을 선물하거나, 자신이 직접 초콜릿을 만드는 사람도 늘어나고 있답니다. 또한 초콜릿으로 예쁜 인형이나 건물 등의 작품을 만드는 사람도 늘어나고 있어요.

이 나라에 가려면 어떤 준비를 해야 하나요

초콜릿 재료를 사다가 직접 초콜릿을 만들어 보세요. 처음에는 어렵지만 여러 번 만들어 보면 멋진 작품을 만들 수 있을 거예요. 또 미술 공부를 하면 자신만의 독특한 작품을 만드는 데 도움이 된답니다.

도움이 되는 공부 : 미술, 실과, 국어, 디자인

펀펀대륙

좀 더 알아보아요

여러 가지 초콜릿
- ▶ 플레인 초콜릿 : 주변에서 흔히 볼 수 있는 쌉쌀하고 달콤한 맛이 나는 초콜릿
- ▶ 커버추어 초콜릿 : 빵이나 과자를 만드는 데 쓰이는 초콜릿
- ▶ 밀크 초콜릿 : 우유 성분이 들어간 단맛이 나는 초콜릿
- ▶ 화이트 초콜릿 : 흰색을 띠는 초콜릿

이 나라 사람을 만나 보세요

김성미 (수원 여대 객원 교수, 빠드 두 대표)

Q. 쇼콜라티에라는 직업의 매력과 장점은 무엇인가요?

상상력을 마음껏 펼칠 수 있다는 점이 가장 큰 매력이에요. 어렸을 때부터 상상하는 것을 좋아했는데, 내가 생각한 것을 초콜릿으로 표현할 수 있어서 정말 행복합니다. 또 초콜릿은 남녀노소 모두 좋아하는 것이잖아요? 모든 사람들이 좋아하는 것을 만든다는 기쁨도 매우 크답니다. 사람들이 내가 만든 초콜릿을 좋아하는 것을 볼 때면 정말 뿌듯해요.

Q. 쇼콜라티에를 꿈꾸는 어린이들에게 한 말씀 해 주세요.

육체적인 건강과 정신적인 건강 두 가지 모두 중요하다고 말하고 싶네요. 초콜릿을 만들려면 오랫동안 기술을 익혀야 하고, 오랜 시간 서서 일해야 하므로 몸이 튼튼해야 하거든요. 또한 멋진 작품을 만들려면 생각이 밝고 건강해야 하지요. 열심히 운동해서 체력을 기르고, 다양한 경험을 쌓아 생각을 살찌워서 쇼콜라티에에 도전해 보세요.

꼼꼼대륙 / 씩씩대륙

애니짱

환상의 세계를 만드는 애니메이션 작가
(Animation Writer)

어떤 나라인가요

움직이지 않는 그림이나 인형을 자세나 위치를 조금씩 바꾸어 한 장면씩 찍고, 이것을 빠르게 돌리면 움직이는 것처럼 보이지요. 이렇게 찍은 영화를 애니메이션이라고 해요. 이런 애니메이션의 이야기와 주인공을 만드는 사람을 애니메이션 작가라고 하지요. 애니메이션 작가의 나라에 오신 것을 환영해요.

이 나라에서는 무엇을 잘해야 하나요

새로운 이야기를 만들어 낼 수 있는 상상력이 필요해요. 또 사람들이 좋아할 만한 이야기 소재들에 대해 알아차리는 능력도 필요하답니다.

이 나라는 앞으로 어떻게 발전할까요

애니메이션 작가는 애니메이션 업체는 물론, 인터넷이나 휴대폰 게임을 만드는 회사에서도 일하고 있어요. 게임 줄거리를 만드는 데 애니메이션 작가가 필요하기 때문이에요. 또 어른들을 위한 애니메이션도 많이 만들어지고 있어서, 앞으로는 어린이들뿐만 아니라 어른들도 애니메이션의 세계에 빠져들 것으로 보여요.

이 나라에 가려면 어떤 준비를 해야 하나요

애니메이션을 아주 좋아해야 해요. 상상력이 풍부해야 하므로 다양한 경험을 해 보는 것이 좋아요. 또 책을 많이 읽고, 글도 많이 써 보아야 해요. 특히 애니메이션 줄거리를 직접 써 보면 좋아요. 또 컴퓨터와 미술 공부를 하는 것도 도움이 돼요.

도움이 되는 공부 : 국어, 미술, 컴퓨터, 글쓰기

펀펀대륙

미리 가 볼 수 있어요

기관	홈페이지	소개
한국 애니메이션 제작자 협회	www.koreaanimation.or.kr	애니메이션 산업의 동향과 애니메이션과 관련된 여러 행사 일정을 알 수 있어요.
한국 애니메이션 예술인 협회	www.kaaa.org	애니메이션과 관련된 각종 소식 및 공모전에 관한 일정을 알 수 있어요.

이 나라 사람을 만나 보세요

유재명 (JM애니메이션 애니메이션 작가 및 감독)

Q. 애니메이션 작가라는 직업의 매력과 장점은 무엇인가요?

애니메이션 작가의 매력은 자기가 원하는 인물을 마음대로 만들어 낼 수 있다는 것이에요. 영화나 드라마에서는 사람이 연기를 하기 때문에 표현하는 데 한계가 있어요. 하지만 애니메이션 주인공은 무엇이든 할 수 있답니다. 하늘을 마음껏 날 수도 있고, 몸을 늘이고 줄일 수도 있으며, 변신도 자유롭지요. 또 사람들에게 아름다운 그림으로 다가갈 수 있어서 아주 매력적이랍니다.

Q. 애니메이션 작가를 꿈꾸는 어린이들에게 한 말씀 해 주세요.

애니메이션 작가로 성공하는 것은 생각보다 힘들어요. 하지만 애니메이션을 좋아하고 열정이 있는 친구라면 도전해 볼 만해요.

또 애니메이션 작가는 성실해야 해요. 새로운 이야기를 만들기 위해 늘 노력하고 끊임 없이 연구해야 한답니다. 자기가 맡은 일을 끈기 있게 해 내는 친구에게 잘 어울리는 직업이지요. 사람들에게 웃음이나 감동을 주고 싶다면 애니메이션 작가에 꼭 도전해 보세요.

감동은 내게 맡겨라 연설문 작성가
(Speech Writer)

어떤 나라인가요

훌륭한 연설은 사람들을 감동시키고 역사를 바꾸기도 해요. 이곳은 유명한 정치인이나 기업가 같은 사람들의 연설문을 전문적으로 써 주는 연설문 작성가가 사는 나라랍니다.

이 나라에서는 무엇을 잘해야 하나요

연설문 작성가는 글재주로 사람들을 웃기고, 울리고, 감동시킬 수 있어야 해요. 연설할 사람의 평소 생각이 어떤지, 무엇을 이야기하고 싶어 하는지, 또 연설을 들을 사람이 누구인지 잘 생각해서 적절한 단어와 문장을 사용해서 글을 쓸 수 있어야 해요.

이 나라는 앞으로 어떻게 발전할까요

선진국에서는 크고 작은 행사에서 자신의 생각을 발표할 때 연설문 작성가의 도움을 많이 받아요. 국제 회의나 대통령 선거 연설에도 연설문 작성가가 쓴 연설문이 쓰인답니다. 사회가 발달할수록 사람들 앞에서 자신의 생각을 발표할 일이 많아지기 때문에, 사람들을 감동시키는 연설문은 앞으로 유명한 사람들뿐만 아니라 보통 사람들에게도 많이 필요하게 될 것으로 보여요.

이 나라에 가려면 어떤 준비를 해야 하나요

다양한 책을 많이 읽어서 여러 방면에 상식이 풍부해야 해요. 글쓰기 공부도 많이 해야 하고요. 학교에서 여는 웅변 대회나 글짓기 대회에 나가서 글 쓰는 훈련을 해두면 좋답니다.

도움이 되는 공부 : 국어, 사회, 영어, 말하기

펀펀대륙

좀 더 알아보아요

연설문 작성의 팁

▶ **짧게 쓰세요!**
  잘된 연설문과 그렇지 않은 연설문을 가르는 중요한 기준 가운데 하나는 한 문장의 길이 차이예요. 한 문장의 길이가 A4지 절반을 차지하는 연설문이 있다면, 내용이 아무리 좋아도 의사 전달이 잘 되지 않으므로 좋은 연설문이 될 수 없답니다.

▶ **기억에 남는 한마디를 반드시 넣으세요!**
  긴 시간 동안 연설을 했다고 해도 기억에 남는 내용이 없다면 아무런 소용이 없겠죠? 딱 한 문장이라고 해도 듣는 사람들의 뇌리에 깊이 박힐 수 있는 내용을 넣어야 해요.

이 나라 사람을 만나 보세요

김양호 (한국 언어 문화원장)

Q. 연설문 작성가라는 직업의 매력과 장점은 무엇인가요?

  연설문 작성가는 연설자 뒤에서 연설문을 작성하는 사람입니다. 훌륭한 연설과 그에 대한 박수와 갈채는 연설문 작성가의 손끝에서 나온 것이라고 할 수 있지요. 연설문 작성가는 좋은 연설문을 쓰기 위해 연설자의 평소 말투, 표정, 발음까지 신경 써야 해요. 내가 쓴 연설문이 좋은 평가를 받으면 매우 뿌듯하답니다.

Q. 연설문 작성가를 꿈꾸는 어린이들에게 한 말씀 해 주세요.

  연설문 작성가는 글을 잘 써야 할 뿐만 아니라 말도 잘 알아야 해요. 글과 말을 모두 알아야 한다는 뜻이지요. 어린이 여러분도 평소에 말하기 연습도 하고 글쓰기 연습도 하면서 좋은 연설문 작성가가 되기 위해 노력해 보세요.

자르고 붙이고 영상 편집 기사
(Motion Picture Camera Editor)

어떤 나라인가요

우리가 보는 텔레비전 프로그램이나 영화는 여러 사람의 손을 거쳐 완성돼요. 먼저 카메라로 드라마, 영화, 쇼 등을 찍으면, 영상 편집 기사가 이것을 보기 좋게 다듬어 주지요. 이곳은 카메라로 찍은 화면 가운데 필요 없는 부분은 잘라내고, 보기 좋은 화면은 서로 이어서 드라마나 영화 등을 좀 더 재미있고 멋있게 만드는 영상 편집 기사의 나라랍니다.

이 나라에서는 무엇을 잘해야 하나요

좋은 영상을 골라낼 줄 아는 눈썰미가 필요해요. 또 감독이나 작가, 카메라맨 등 여러 사람의 생각을 모아서 정리할 줄 알아야 해요. 편집할 때 같은 영상을 되풀이해서 보아야 하므로 참을성도 있어야 해요.

이 나라는 앞으로 어떻게 발전할까요

요즘은 위성 방송, 케이블 방송, 인터넷 방송 같은 새로운 방송이 계속해서 생겨나고 있어요. 인터넷 동영상 강의로 공부하는 사람들도 늘어나고 있고요. 따라서 앞으로 더 많은 영상 편집 기사들이 필요할 거예요.

이 나라에 가려면 어떤 준비를 해야 하나요

아름다운 영상을 만들어 낼 수 있도록 미술 공부를 해야 해요. 요즘에는 컴퓨터로 작업하는 일이 많기 때문에 관련된 컴퓨터 프로그램을 능숙하게 다룰 줄도 알아야 해요.

도움이 되는 공부 : 미술, 국어, 컴퓨터

펀펀대륙

미리 가 볼 수 있어요

기관	홈페이지	소개
영상 미디어 센터	www.mediact.org	다양한 편집 프로그램 강좌를 들을 수 있어요.
영상 편집 동호회	www.cafe.daum.net/lukemovie	편집에 대한 정보를 교환할 수 있어요.

이 나라 사람을 만나 보세요

홍순원 (미국, 필라 중앙 방송국 PD 겸 영상 편집기사)

Q. 영상 편집 기사라는 직업의 매력과 장점은 무엇인가요?

영상 편집 기사는 단순한 화면을 편집해서 새롭게 만드는 사람이에요. 같은 장면도 어떻게 편집하느냐에 따라 달라져요. 영상 편집 기사는 화면에 생기를 불어넣는 매우 창조적인 직업이에요. 또 결과를 많은 사람들 앞에 선보일 수 있고, 반응도 빠르게 알 수 있어서 매력적이랍니다.

Q. 영상 편집 기사를 꿈꾸는 어린이들에게 한 말씀 해 주세요.

먼저 끈기를 기르라고 말해 주고 싶네요. 영상 편집은 같은 화면을 되풀이해서 보면서 0.1초 단위로 잘라내기도 하고 다시 이어 붙이기도 하는 작업이에요. 성격이 급하거나 오래 앉아 있는 것을 싫어하는 사람이라면 할 수 없는 일이지요.

또 영상 편집 기사는 영상 언어라는 것을 익혀야 하는데, 영상 언어는 UCC, 영화, 텔레비전, 다큐멘터리 등 다양한 종류로 이루어져 있어요. 각 매체마다 영상 언어가 어떻게 다른지 공부하는 것도 좋은 준비가 될 거예요. 또 영상 편집 기계를 다루는 법을 배우고, 영상과 소리에 대한 감각을 익히는 것도 중요해요.

꼼꼼대륙 / 씩씩대륙

버터리아

나도 예술가 음식 조각가
(Food Sculptor)

어떤 나라인가요

버터로 만든 젖소, 초콜릿으로 만든 돼지와 기차, 치즈로 만든 사람 조각상! 바로 이곳, 음식 조각가의 나라에서 볼 수 있는 것들이에요. 우리가 먹는 음식 재료인 버터, 초콜릿, 혹은 치즈를 이용해서 여러 가지 조각 작품을 만드는 사람이 음식 조각가랍니다.

이 나라에서는 무엇을 잘해야 하나요

좋은 작품을 만들려면 새로운 것을 생각해 낼 수 있는 상상력이 필요해요. 손재주도 좋아야 하고요. 버터, 초콜릿, 치즈는 모두 온도가 높아지면 녹아서 흘러내리기 때문에 다루기가 매우 까다롭지요. 그래서 좋은 작품을 만들려면 참을성이 필요하답니다.

이 나라는 앞으로 어떻게 발전할까요

사람들은 새롭고 신기한 것을 좋아하는 경향이 있어요. 음식 재료로 작품을 만든다는 것 자체가 신기하지 않나요? 우리나라에서도 이러한 재료뿐만 아니라 더 기발한 재료로 멋진 작품을 만들 날을 기대해 봅니다.

이 나라에 가려면 어떤 준비를 해야 하나요

조각을 포함해서 미술 공부를 많이 해야 해요. 관련 분야에 대한 외국의 앞선 기술들을 많이 배우려면 외국어 공부도 잘해야 한답니다.

도움이 되는 공부 : 미술, 영어, 실과, 조각

펀펀대륙

음식과 관련된 다양한 직업을 알고 싶어요

★ **조리사**

식당에서 손님을 위해 음식을 요리하는 사람이에요. 만드는 음식의 종류에 따라 한식 조리사, 일식 조리사, 중식 조리사, 양식 조리사 등으로 나누어지기도 해요. 조리사는 음식 요리에 관한 전문적인 지식을 가지고 있어야 하고, 오븐·증기 솥·토스트·전자 레인지·믹서 등 각종 요리 기구를 사용할 수 있어야 해요.

★ **음식물 모형 제작원**

화학 원료를 사용해서 실제 음식을 흉내 낸 음식물 모형을 만드는 사람이랍니다. 이들은 실제 음식을 보면서 모형의 본을 뜨고, 색칠을 해서 음식물 모형을 실제와 거의 똑같이 만들지요.

★ **음식료품 개발원**

새로운 음료품이나 식료품을 개발하기 위해서 각종 재료를 시험하고 분석하는 일을 해요. 신제품을 개발하기 위해 배합할 원료의 특성과 성분을 분석하고, 원료의 배합 또는 새로운 조리법을 시험하지요. 그리고 실험 기구 또는 조리 기구를 사용해서 기존 제품을 시험하고 조직, 맛, 색, 영양 등을 분석해요.

★ **음식료품 제조 공정 개발원**

음료품과 식료품을 생산하기 위한 다양한 기술을 연구해서 새로운 생산 방식을 개발하는 일을 해요. 생산 과정에서 사용되는 생산 기술, 품질 관리 기술, 포장 기술에 따라 다른 제품이 생산된답니다.

음식과 관련된 직업이 이렇게 많구나!

꼼꼼대륙   씩씩대륙

사운디움

소리의 창조자 음향 기사
(Sound Technician)

어떤 나라인가요

텔레비전이나 영화를 볼 때 소리가 나오지 않는다고 생각해 보세요. 아무리 멋진 영상이 나와도 재미가 없을 거예요. 이곳은 음악이나 소리를 녹음하거나 편집하는 일을 하는 음향 기사의 나라랍니다. 음향 기사는 특이한 효과음을 만들어 내고 멋진 배경 음악을 넣기도 하는 등 영상을 볼 때 한층 더 생생하게 느낄 수 있도록 만들어 주지요.

이 나라에서는 무엇을 잘해야 하나요

이 세상의 수많은 소리 가운데 영상에 필요한 소리, 영상을 돋보이게 하는 소리를 구별할 줄 알아야 해요. 또 천둥이 치는 소리, 눈 밟는 소리 같은 특이한 소리를 만들어 낼 수 있는 창의력도 필요하지요. 요즘에는 컴퓨터나 특수한 기계로 작업하는 일이 많아졌기 때문에 관련 프로그램과 기계를 잘 다룰 줄 알아야 한답니다.

이 나라는 앞으로 어떻게 발전할까요

요즘엔 케이블 방송이나 인터넷 방송 같은 새로운 방송이 계속해서 생겨나고 있고, 영화나 공연도 점점 늘어나고 있어서 음향 기사도 점점 많아지고 있답니다.

이 나라에 가려면 어떤 준비를 해야 하나요

이 세상 소리에 관심을 가지고 귀 기울여 보세요. 요즘에는 컴퓨터와 특수 기계로 작업하는 일이 많기 때문에 이 분야의 공부도 필요해요. 음악에 대해서도 공부해야 하지요.

도움이 되는 공부 : 컴퓨터, 음악, 국어

펀펀대륙

미리 가 볼 수 있어요

기관	홈페이지	소개
프로 음향 기사들의 모임	www.audioguy.co.kr	공연 음향, 녹음 음향 등 음악 관련 직업에 관한 진로 상담을 받을 수 있어요.
한국 음향 예술인 협회	www.kare.or.kr	녹음 기술 개발, 스튜디오에 대한 설명이 있어요.

이 나라 사람을 만나 보세요

강효민 (미국, 뉴욕 Legacy Recording Studio 운영)

Q. 음향 기사라는 직업의 매력과 장점은 무엇인가요?

소리가 끼치는 영향은 생각보다 상당히 큽니다. 예를 들어, 공포 영화를 볼 때 소리를 끄고 보면 그다지 무섭지 않죠. 이런 식으로 소리를 통해서 영상매체 등에 생명력을 불어 넣어 주면 완성도를 높일 수 있습니다. 평소에는 공기가 있다는 것을 잘 느끼지 못해도 없으면 그 존재 가치가 크게 느껴지는 것처럼, 내가 만들어 내는 소리 덕분에 사람들이 영상을 보며 즐거움이나 생동감을 느낄 때 무척 보람이 있지요.

Q. 음향 기사를 꿈꾸는 어린이들에게 한 말씀 해 주세요.

소리가 필요할 때에는 실제 소리를 녹음해서 사용하기도 하지만, 그게 어려울 때에는 실제 소리와 가깝게 만들어야 해요. 그러려면 생활 속에서 들을 수 있는 소리들에 대한 관심이 커야겠지요. 조용한 밤 시간이라든지 학교에 오가는 길에서도 조금만 주의를 기울이면, 평소에 들리지 않던 소리도 들을 수 있는 즐거움을 찾을 수 있을 거예요.

꼼꼼대륙 씩씩대륙

일러스탄

생활을 아름답게 일러스트레이터
(Illustrator)

어떤 나라인가요

어린이 책에는 그림이 군데군데 그려져 있어요. 또 갖가지 생활용품에는 아기자기한 캐릭터가 그려져 있지요. 이처럼 책, 광고물, 생활용품 등에 어울리는 그림을 그리는 사람을 일러스트레이터라고 해요. 이곳은 바로 일러스트레이터의 나라랍니다.

이 나라에서는 무엇을 잘해야 하나요

사람들이 쉽게 이해할 수 있으면서도 친근한 느낌이 드는 그림을 그릴 수 있어야 해요. 따라서 여러 분야에 대한 상식이 풍부해야 해요.

이 나라는 앞으로 어떻게 발전할까요

사회가 발전하면서 아름다움에 대한 관심이 많아졌어요. 그래서 기능만 중요하게 생각했던 생활용품에 그림을 그려 넣어 꾸미기 시작했지요. 또한 신문, 잡지, 책 등 각종 출판물이 쏟아져 나오면서 사람들의 눈을 사로잡기 위한 일러스트의 중요성이 커졌어요. 앞으로 더 많은 일러스트레이터가 좋은 그림을 보여 줄 것으로 기대돼요.

이 나라에 가려면 어떤 준비를 해야 하나요

내용에 맞는 그림을 그리기 위해서는 글 내용을 파악할 수 있어야 해요. 따라서 독서로 여러 분야의 지식을 쌓으면, 다양한 내용을 그림으로 그리는 데 도움이 된답니다. 또한 머릿속으로 생각한 것을 그림으로 표현할 수 있도록 미술 공부도 필요해요.

도움이 되는 공부 : 미술, 국어, 실과, 디자인

펀펀대륙

미리 가 볼 수 있어요

기관	홈페이지	소개
마리메코	www.marimekko.com/eng	핀란드의 텍스타일 회사예요.
스노우캣	www.snowcat.co.kr	소소하고 따뜻한 이야기들과 일러스트레이션을 볼 수 있어요.

이 나라 사람을 만나 보세요
유선영 (미국, 일러스트레이터)

Q. 일러스트레이터라는 직업의 매력과 장점은 무엇인가요?

　그림을 통해 상상력을 마음껏 펼칠 수 있다는 것이 가장 큰 장점이에요. 특히 전시회에 발표하는 작품에는 생각을 더 자유롭게 표현할 수 있답니다. 보통 출판이나 광고 등에 쓰이는 일러스트는 약속한 시간 안에 그려야 하기 때문에 아이디어가 떠오르지 않거나 그림이 잘 그려지지 않으면 고통스러워요. 하지만 그림을 끝낸 뒤 새로운 것을 만들어 냈다는 기쁨은 무엇보다 크답니다.

Q. 일러스트레이터를 꿈꾸는 어린이들에게 한 말씀 해 주세요.

　들고 다닐 수 있는 조그만 스케치북이나 수첩을 하나 마련하세요. 문득 어떤 생각이 떠오르거나 재미있는 장면을 보게 된다면 여기에 그림을 그리거나 자신의 생각을 써 넣으세요. 재미있게 읽은 책 제목과 인상 깊었던 장면을 기록해도 좋고, 갑자기 생각나는 장면을 그림으로 그려도 좋아요. 마음에 드는 장면을 사진으로 찍어서 붙여도 좋고요. 이것들이 모이면 나만의 책이 된답니다. 계속해서 기록을 남기는 것이 쉽지는 않겠지만, 습관이 되면 나중에 아이디어를 낼 때 큰 도움이 될 거예요.

꼼꼼대륙

씩씩대륙

멜로디움

음악의 창조자 작곡가
(Composer)

어떤 나라인가요

　좋아하는 노래나 아름다운 가락을 콧노래로 흥얼거려 본 적이 있지요? 이렇게 아름다운 음악을 만드는 사람을 작곡가라고 해요. 시나 가사에 가락을 붙이기도 하고, 아름다운 음과 멜로디를 만들어 내기도 하지요. 작곡가의 나라에 오신 것을 환영합니다!

이 나라에서는 무엇을 잘해야 하나요

　무엇보다 음악을 사랑해야 해요. 대중음악, 클래식, 국악 등 다양한 음악 공부도 해야 하고요. 새로운 리듬과 가락을 만들어 내야 하므로 이론을 충실히 알아 두어야 한답니다. 요즘에는 컴퓨터 프로그램으로 작곡하는 경우가 많아서 관련된 컴퓨터 프로그램도 익혀야 해요.

이 나라는 앞으로 어떻게 발전할까요

　텔레비전 프로그램의 배경 음악, 만화 영화 주제가, 게임의 효과 음악 등 음악은 생활 곳곳에서 들을 수 있어요. 음악과 관련된 영상 산업이 계속해서 발전하고 있기 때문에 음악을 만드는 작곡가의 역할도 점점 커지고 있답니다.

이 나라에 가려면 어떤 준비를 해야 하나요

　음악의 종류부터 역사, 이론 등 음악과 관련된 공부가 많이 필요해요. 특히 피아노나 기타 같은 악기 하나 정도는 잘 다룰 수 있어야 하지요. 또한 상상력과 감수성이 풍부해야 하므로 독서와 글쓰기 같은 활동을 해서 아름다운 감성을 길러 보세요.

　도움이 되는 공부 : 음악, 국어, 사회

펀펀대륙

미리 가 볼 수 있어요

기관	홈페이지	소개
한국 작곡가 협회	www.composers.or.kr	음악회 행사 일정 및 음악 관련 자료들을 볼 수 있어요.
한국 음악 협회	www.mak.or.kr	음악가 소개 및 음악 관련 자료들을 볼 수 있어요.

이 나라 사람을 만나 보세요

나효신 (미국, '이 세상의 모든 소리들'을 작곡한 작곡가)

Q. 작곡가라는 직업의 매력과 장점은 무엇인가요?

　소리를 상상하는 것이 나의 직업이에요. 일을 하고 싶을 때 하고 싶은 만큼만 하니까 누구의 눈치를 보거나 잔소리를 들을 필요가 없어요. 내 작품이 초연(새로 쓰여진 작품이 처음 연주되는 것)될 때에는 공연에 참석하기 위해 세계 여러 도시를 여행하며 그 도시에서 가장 맛있는 음식을 먹기도 하지요. 연주자들과 음악을 만들고 청중도 만날 수 있어서 좋아요.

Q. 작곡가를 꿈꾸는 어린이들에게 한 말씀 해 주세요.

　만약 작곡가가 되고 싶다면 모차르트가 듣고 칭찬할 만한 그런 음악을 만드는 사람이 되기를 바랍니다. 그 이유가 무엇인지는 스스로 생각해 보세요. 잠깐! 먼 훗날에 작곡을 하겠다는 꿈을 꾸기보다는 지금 당장 짧은 노래 하나 만들어 보면 어떨까요?

꼼꼼대륙

문서쉬움

나도 작가 테크니컬 라이터
(Technical Writer)

어떤 나라인가요

휴대 전화, 가전 제품, 조립이 필요한 생활용품 등 사용법이 복잡한 물건에는 사용법을 적은 작은 책이 딸려 있어요. 이곳은 각종 물건의 사용법을 글이나 그림으로 설명해 주는 테크니컬 라이터의 나라랍니다.

이 나라에서는 무엇을 잘해야 하나요

설명서를 쓸 대상인 물건에 대해 잘 알아야 해요. 어떻게 사용하는지, 어떤 기능이 있는지 등을 알아야 사람들에게 알려 줄 수 있으니까요. 또 사람들이 이해하기 쉬운 말로 글을 쓸 줄 알아야 해요.

이 나라는 앞으로 어떻게 발전할까요

사회가 발전할수록 우리 생활을 편리하게 만들어 줄 새로운 물건이 계속해서 만들어질 거예요. 따라서 새로운 제품을 잘 설명해 줄 테크니컬 라이터가 더 많이 필요해질 거예요. 또 전문 잡지 등에 새로운 기술을 알리는 기회가 늘어나면서 이와 관련된 글을 쓰는 테크니컬 라이터도 늘어날 것으로 보여요.

이 나라에 가려면 어떤 준비를 해야 하나요

머릿속의 생각을 쉽게 표현할 수 있는 능력이 필요해요. 그러기 위해서는 책을 많이 읽고, 글 쓰는 연습을 해야 합니다. 여러분이 자주 쓰는 컴퓨터나 게임기 등의 사용 설명서를 직접 만들어 보는 것도 좋아요. 그리고 영어를 포함한 외국어 공부도 필요해요.

도움이 되는 공부 : 수학, 과학, 영어

펀펀대륙

좀 더 알아보아요

테크니컬 라이팅과 창작 라이팅의 차이점

	테크니컬 라이팅	창작 라이팅
내용	사실적, 직설적	창의적, 상상, 상징적
대상	특정인	일반인
형식	형식적, 표준, 학문적	자유로운 형식
구성	순차적	원하는 대로 자유롭게

이 나라 사람을 만나 보세요

최형선 (VisionIC 근무)

Q. 테크니컬 라이터라는 직업의 매력과 장점은 무엇인가요?

테크니컬 라이터는 기술적인 언어를 소비자가 쉽게 이해할 수 있도록 소개하고 전달하는 사람이에요. 예를 들어, 가전 제품의 사용 설명서는 무척 깔끔하고 이해하기 쉽게 씌어 있는데, 이것은 테크니컬 라이터가 소비자의 눈높이에 맞추어 사용 방법을 소개했기 때문이에요. 이렇게 사람들이 내가 쓴 글을 보고, 사용법을 쉽게 이해하고 만족할 때 큰 보람을 느낀답니다.

Q. 테크니컬 라이터를 꿈꾸는 어린이들에게 한 말씀 해 주세요.

앞으로는 테크니컬 라이터에게 영어 능력은 더욱 중요해질 것으로 보여요. 영어로 작업하면 외국과 거래할 때 번역 과정을 거칠 필요가 없기 때문이에요.

또 기본적인 글쓰기 능력을 갖추어야 해요. 아무리 외국어를 잘한다고 해도 글쓰기 능력이 없으면 좋은 테크니컬 라이터가 될 수 없답니다.

꼼꼼대륙   씩씩대륙

오션랜드

바다를 바꾸는 조물주 해양 건축가
(Marine Architect)

어떤 나라인가요

바다 속 건물은 영화에서나 볼 수 있다고요? 그렇지 않아요. 실제로 바닷가나 바다 속에 건물을 만드는 사람이 있는데, 이 사람을 해양 건축가라고 한답니다. 바다 건물의 설계도를 그리고 건축물 만드는 것을 관리하지요. 해양 건축가의 나라에 오신 것을 환영합니다!

이 나라에서는 무엇을 잘해야 하나요

바다와 건축, 두 가지 모두에 대해서 잘 알아야 해요. 바다에 건물을 짓기 때문에 바다의 특성, 바다의 상태, 해당 지역 바다의 기상 상태 등에 대해 잘 알아야 하고, 건물을 짓는 방법에 대해서도 전문적인 지식을 쌓아야 하지요.

이 나라는 앞으로 어떻게 발전할까요

앞으로는 복잡한 육지를 떠나 경치 좋은 바닷가에 건물을 짓고 휴식을 취하려는 사람들이 점점 늘어날 것으로 보여요. 따라서 해양 건축가의 역할도 더욱 커질 것으로 기대돼요.

이 나라에 가려면 어떤 준비를 해야 하나요

아름다운 건물을 설계하려면 미적인 감각뿐만 아니라 건축학 등의 전문 지식이 필요해요. 대학에서 해양 건축학, 해양학, 건축학 등을 공부하면 유리해요. 이런 것들의 밑바탕인 수학과 미적 감각을 기르기 위한 미술 공부도 열심히 해야 한답니다.

도움이 되는 공부 : 실과, 미술, 수학, 건축

펀펀대륙

좀 더 알아보아요

다양한 해양 건축
- ▶ **해상 도시** : 바다를 흙으로 메워서 만든 새로운 도시
- ▶ **해양 주거** : 사람이 살 수 있도록 만든 바다 위의 집
- ▶ **해상 호텔** : 바다 위에 만든 호텔
- ▶ **해양 박물관** : 배나 조개류를 전문적으로 전시하는 박물관
- ▶ **수족관** : 바다 생물을 키우고 전시하는 시설
- ▶ **해양 전망 시설** : 바다를 관찰할 수 있도록 바다 위 혹은 바다 근처에 높이 세운 전망대

이 나라 사람을 만나 보세요

박동천 (한국 해양 대학교 해양 공간 건축학부 교수)

Q. 해양 건축가라는 직업의 매력과 장점은 무엇인가요?

　해양 건축의 매력은 개척해야 할 곳이 아직도 많이 남아 있다는 것입니다. 따라서 발전 가능성도 높고 세계 시장에서 능력을 발휘할 기회도 많다는 것이 장점이지요. 또한 지구 온난화 같은 환경 문제도 나날이 심각해지고 있어서 해양과 관련된 건축 분야는 앞으로 발전할 수밖에 없는 분야랍니다.

Q. 해양 건축가를 꿈꾸는 어린이들에게 한 말씀 해 주세요.

　우선 바다를 사랑하는 마음이 있어야 합니다. 바다에 대한 공부를 하면서 어떻게 하면 바다 속 공간을 잘 활용할 수 있을지 고민해 보세요. 또 여러분 주위에 있는 건축물을 관찰하고 그것을 어떻게 바다와 접목시킬 수 있을지 생각해 보세요.

꼼꼼대륙 씩씩대륙

다음 여행을 떠나기 전에 잠시 쉬어 가요!

편편대륙 15개 나라를 여행한 느낌이 어때요? 여러분은 어떤 나라 어떤 직업이 가장 마음에 들었나요?

가장 마음에 들었던 직업은 무엇인가요?
_____

무엇을 보았나요?
_____

무엇을 느꼈나요?
_____
_____

펀펀대륙

다음 여행지는 33개 나라가 있는 곰곰대륙이야.

곰곰대륙

인터넷 검색이나 관련 홈페이지를 방문하여 가장 마음에 들었던 직업에 대해 좀 더 알아보아요. 알게 된 내용은 정리해 두면 더 좋겠지요.

오, 그래. 너무 너무 기대되는데.

더 알게 된 내용을 적어 보세요.

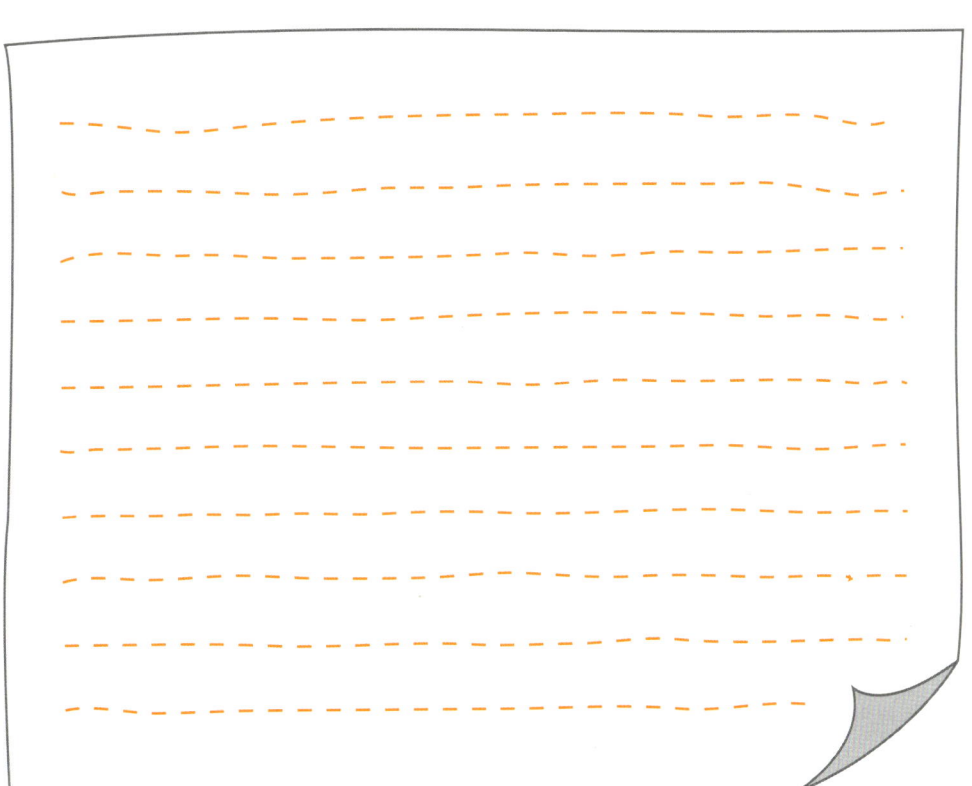

당당대륙

친친대륙

분석적이고 체계적인 탐구의 세계
곰곰대륙

곰곰대륙에서 우리가 여행할 곳은 모두 33개 나라예요.
논리적이고 분석적인 이 나라 사람들은
소극적이기는 하지만, 호기심이 많고 공부하는 것을 좋아한답니다.

★ 노년학자 (Gerontologist)   ★ 대기 과학자 (Atmospheric Scientist)
★ 동물학자 (Zoologist)   ★ 문화재 보존원 (Museum Technicians and Conservators)
★ 물류전문가 (Professional Logistician)   ★ 물리학자 (Physicist)
★ 발 치료 전문의 (Podiatrist)   ★ 부동산 감정사 (Real Estate Appraiser)
★ 비용 평가사 (Price Appraiser)   ★ 생물 정보학자 (Bioinformatics specialist)
★ 생물학자 (Biological Scientist)   ★ 생화학자 (Biochemist)
★ 수경 재배 기술자 (Hydroponic Technician)   ★ 숲 전문가 (Forester)
★ 식단 전문가 (Dietetic Technician)   ★ 신용 분석가 (Credit Analyst)
★ 심리학자 (Psychologist)   ★ 심장 혈관 기술자 (Cardiovascular Technologist)

펀펀대륙

곰곰대륙

당당대륙

★ 암호 전문가 (Cryptographer)　★ 언어 치료사 (Speech-Language Pathologist)
★ 에너지 매니저 (Energy Manager)　★ 우주 화학자 (Cosmochemist)
★ 인류학자 (Anthropologist)　★ 지문 감식가 (Fingerprint Analyst)
★ 천체 물리학자 (Astrophysicist)　★ 컴퓨터 과학자 (Computer Scientist)
★ 컴퓨터 시스템 분석가 (Computer System Analyst)　★ 토양 보전 전문가 (Soil Conservationist)
★ 해양학자 (Oceanographer)　★ 핵의학 기사 (Nuclear Medicine Technologist)
★ 행성 과학자 (Planetary Scientist)　★ 혈통 전문가 (Genealogist)
★ 환경 공학 엔지니어 (Environmental Engineer)

친친대륙

 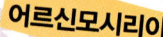 

편안한 노년을 위하여 노년학자
(Gerontologist)

어떤 나라인가요

노인은 젊은이에 비해 행동이 느리고, 귀도 잘 들리지 않으며, 치아도 약해요. 또 기억력이 떨어져 새로운 것을 배우려면 시간도 많이 걸리는 편이에요. 이런 노인에 대해 전문적으로 연구해서 이들에게 도움을 주려는 학자들이 있는데, 이들을 노년학자라고 해요. 노년학자의 나라에 오신 것을 환영해요!

이 나라에서는 무엇을 잘해야 하나요

노인을 공경하는 마음이 필요해요. 자신이 노인이 되었다고 생각해 보고, 무엇이 불편한지, 어떻게 하면 좀 더 편리하게 생활할 수 있을지 생각해 보도록 해요.

이 나라는 앞으로 어떻게 발전할까요

평균 수명이 늘어나면서 오래 사는 노인들이 많아지고 있어요. 나라에서도 노인들에게 많은 관심을 기울이고 있고 노인을 대상으로 하는 실버 산업의 규모도 점점 커지고 있답니다. 따라서 앞으로 더 많은 노년학자들이 필요할 거예요.

이 나라에 가려면 어떤 준비를 해야 하나요

복지관 등에서 할머니, 할아버지를 돌보는 봉사 활동을 해 보세요. 심리학, 사회학, 의학, 생물학 등 여러 분야에서 많은 지식이 필요하므로 대학에서 전문적으로 공부하면 유리하답니다.

도움이 되는 공부 : 사회, 국어, 수학, 사회복지

미리 가 볼 수 있어요

기관	홈페이지	소개
세계 노년학 노인 의학 학술 대회	www.iagg2013.org/kor	학술 대회 소개 및 학회 등록 안내, 논문, 간행물 등에 대한 내용을 볼 수 있어요.
한국 노인과학 학술 단체 연합회	www.koreangerontology.org/2007/kor/index.php	노년 학술 대회, 노인 건강, 복지 문제 등에 대한 정보와 보도 자료, 커뮤니티 등을 제공해요.

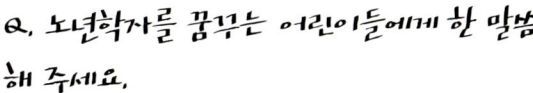

이 나라 사람을 만나 보세요
차흥봉 (세계 노년학회 회장)

Q. 노년학자라는 직업의 매력과 장점은 무엇인가요?

사람은 누구나 세상에 태어나고, 나이가 들고, 병들고, 죽게 돼요. 노년학자란 이러한 인생 문제를 탐구해서 노인들이 건강하고 행복하게 오래 살 수 있는 방법을 생각하는 직업이지요.

21세기에는 인간의 평균 수명이 길어져 노인 인구가 크게 늘어났기 때문에 노년학자들의 할 일도 많아졌답니다. 자신의 노후생활 준비에 많은 지혜를 얻을 수 있다는 점도 장점입니다.

Q. 노년학자를 꿈꾸는 어린이들에게 한 말씀 해 주세요.

인생은 길고 세상은 넓어요. 누구나 넓은 세상을 살아가면서 수많은 경험을 할 수 있답니다. 미래의 꿈을 가지고 도전하세요. 열심히 공부하고 열심히 일하세요. 그러면 미래에 노년학자로서 큰 일을 할 수 있을 거예요.

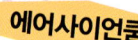

오늘의 날씨를 말씀드리겠습니다 대기 과학자
(Atmospheric Scientist)

어떤 나라인가요

이곳은 지구 표면을 둘러싼 공기의 비밀을 찾는 대기 과학자의 나라예요. 지구 표면을 둘러싸고 있는 공기를 대기라고 하는데, 대기를 연구하는 과학자를 대기 과학자라고 하지요. 바람, 기온 등 기상과 관련된 자연 현상을 연구해요.

이 나라에서는 무엇을 잘해야 하나요

대기와 관련된 수많은 자료를 꼼꼼하게 살펴 특성을 찾을 수 있어야 해요. 복잡한 대기 현상을 이해하고 예측하기 위해서 복잡한 수식도 사용할 수 있어야 하지요.

이 나라는 앞으로 어떻게 발전할까요

아프리카에서는 오랫동안 비가 오지 않아 물 부족으로 고통을 겪고 있지만, 반대로 우리나라에서는 거의 매년 큰 비가 내려 홍수 피해를 입고 있어요. 요즘에는 엘니뇨나 라니냐 같은 이상 기후 현상도 많이 나타나고 있어서 인류의 미래에 큰 위협이 되고 있지요. 앞으로 지구를 구하기 위한 대기 과학자들의 역할이 더욱 커질 것으로 보여요.

이 나라에 가려면 어떤 준비를 해야 하나요

체계적인 과학 공부가 필요해요. 수학도 잘해야 하고요. 평소에 날씨에 관심을 가지고 우리나라 기후의 특성과 변화를 꾸준히 정리하고 기록하는 습관을 길러두면 많은 도움이 된답니다. 기상학자가 되려면 대학에서 기상학을 공부해야 해요.

도움이 되는 공부 : 과학, 수학, 영어, 기상학

 펀펀대륙

 곰곰대륙

미리 가 볼 수 있어요

기관	홈페이지	소개
한국 기상 학회	www.komes.or.kr/start.html	기상학에 대한 연구 자료를 볼 수 있어요.
국립 기상 연구소	www.nimr.go.kr/metri_home	대기 과학을 연구하는 국립 기관이에요.

이 나라 사람을 만나 보세요

엄재경 (미국, 해양 기상청 내 기후예측 센터 박사)

Q. 대기 과학자라는 직업의 매력과 장점은 무엇인가요?

대기 과학자는 지구 구석구석의 날씨와 기후에 대해 연구합니다. 세계 여러 나라 사람들과 정보를 나누고 함께 일하며 세계 곳곳을 돌아다니지요. 이렇게 다른 나라 사람들과 친구가 될 수 있고, 세계 여러 곳을 여행할 수 있다는 것이 대기 과학자라는 직업의 매력이에요. 또 날씨를 정확하게 예측하기 위해 계산과 정보를 빠르게 처리할 수 있는 첨단 기계인 기상용 슈퍼 컴퓨터를 사용한답니다. 첨단 기계를 가장 먼저 사용할 수 있어서 자부심이 대단하지요.

 당당대륙

Q. 대기 과학자를 꿈꾸는 어린이들에게 한 말씀 해 주세요.

대기 과학자들은 대기 중의 물리적 현상과 화학적 반응을 연구해요. 그렇기 때문에 이 일을 하려면 수학, 물리, 화학에 대한 탄탄한 지식이 필요하답니다. 때로는 연구를 위해 토네이도나 태풍이 몰아치는 곳에도 가야 하므로 호기심과 모험심도 있어야 해요.

 친친대륙

꼼꼼대륙

애니멀랜드

씩씩대륙

동물의 벗 동물학자
(Zoologist)

어떤 나라인가요

이곳은 동물에 대해 모르는 게 없는 동물학자들이 사는 나라예요. 동물학자는 동물을 전문적으로 연구하는 사람이에요. 동물이 어떻게 태어나고, 어떻게 살아가는지, 어떻게 진화했는지 연구하지요. 또한 수많은 동물을 특성에 따라 분류하는 일도 해요.

우리집 아저가 전생에 사람이었나?

그러면 사람이 개일지도!

이 나라에서는 무엇을 잘해야 하나요

동물에 대한 사랑과 평생을 동물과 함께하겠다는 마음가짐이 필요해요. 동물학자는 한 가지 동물이나 한 종류의 동물에 대해 오랫동안 연구하는 경우가 많아요. 그래서 연구할 동물을 찾아다니거나 동물 근처에서 동물의 생활을 관찰해야 해요. 이런 연구는 매우 힘들고 어렵기 때문에 참을성이 많고 성실해야 한답니다.

이 나라는 앞으로 어떻게 발전할까요

그동안 사람들이 너무 못살게 굴어서 많은 동물들이 멸종될 위기에 처해 있어요. 사람들은 동물학자들이 위기에 처한 동물들을 구할 수 있는 방법을 내놓을 것으로 기대하고 있답니다.

이 나라에 가려면 어떤 준비를 해야 하나요

동물을 기르면서 관찰 일지를 써 보고, 동물에 대한 책을 많이 읽어야 해요. 또한 대학에서 동물학을 전문적으로 공부하면 유리하답니다.

도움이 되는 공부 : 과학, 수학, 영어, 동물학

펀펀대륙

미리 가 볼 수 있어요

기관	홈페이지	소개
한국 동물 학회	www.zsk.or.kr	생물학, 생태학, 의학 등 관련 분야에 대한 지식을 얻을 수 있어요.

동물학자와 관련된 주목할 만한 기사들

★ 미국의 어떤 동물학자는 자연 상태에서 악어를 관찰하기 위해 직접 악어 가죽과 특수 천으로 만든 옷을 뒤집어쓰고 악어가 사는 곳을 돌아다닌다고 해요. 뒤집어쓴 갑옷이 철재로 되어 있다니 다행이긴 하지만 그래도 위험할 텐데, 학자의 집념이란 참으로 대단하지요?

★ 얼마 전, 남아프리카 공화국의 도시인 요하네스버그 근처의 야생 동물 보호 지역에서 동물학자 한 사람이 사자와 장난도 치고 수영도 하고, 심지어는 사자의 콧등에 입맞춤도 하는 등 교감을 나누는 사진이 공개되어 큰 화제가 되었는데요. 더 놀라운 것은 이 사자들이 동물원에서 길러지고 길들여진 사자가 아니란 사실이에요. 개체 수 보호를 위해 야생 동물 보호 지역에서 보호를 받고 있긴 하지만, 야생 그대로 살아가는 사자들이었대요. 인내심을 가지고 사자들을 보살피면서 사자 한 마리 한 마리를 다르게 대하며 말을 건다는 이 동물학자도 분명 주목할 만한 동물학자인 듯하네요.

꼼꼼대륙 / 씩씩대륙

우리꺼살리국

우리것이 최고 문화재 보존원
(Museum Technicians and Conservators)

어떤 나라인가요

조상이 남긴 건축물이나 무덤, 물건 등을 유적과 유물이라고 해요. 이런 유적과 유물 가운데에는 너무 오래되었거나 전쟁, 화재, 홍수 등으로 손상된 것이 많아요. 이곳은 이렇게 손상된 유적과 유물을 원래 모습으로 수리하고 보존하는 문화재 보존원의 나라랍니다.

이 나라에서는 무엇을 잘해야 하나요

문화재를 아끼고 사랑하는 마음이 필요해요. 우리 역사에 대해서도 잘 알아야 하고요. 요즘에는 문화재를 수리하는 데 화학 기술이 필요하기 때문에 과학에 대한 전문 지식도 필요해요. 유물을 수리하는 데에는 오랜 시간과 정성이 필요하므로 참을성도 강해야 하지요.

이 나라는 앞으로 어떻게 발전할까요

새로 발굴된 유적이나 유물뿐 아니라, 박물관에 전시된 유물도 꾸준한 관리가 필요해요. 우리 문화에 대한 관심이 높아지면서 앞으로 박물관, 미술관, 사찰 등에서 더 많은 문화재 보존원이 활약할 것으로 기대돼요.

이 나라에 가려면 어떤 준비를 해야 하나요

역사 공부와 함께 화학 등의 과학 공부를 해야 해요. 대학에서 문화재 보존학이나 고고학, 역사학 등을 공부하면 유리하답니다. 나라에서 문화재로 지정한 유적이나 유물을 수리, 관리하려면 문화재 수리 기술자나 문화재 수리 기능자 시험에 합격해야 합니다.

도움이 되는 공부 : 사회, 과학, 수학, 역사

좀 더 알아보아요

문화재 보호법에 따른 문화재 분류 기준
▶ 유형 문화재 : 건조물, 서적, 회화, 공예품 등
▶ 무형 문화재 : 연극, 무용, 공예 기술 등
▶ 그 외 : 기념물, 민속 자료 등

이 나라 사람을 만나 보세요
유재택 (한국 문화재 기능인 협회 이사)

Q. 문화재 보존원이라는 직업의 매력과 장점은 무엇인가요?

무엇보다도 우리나라의 전통을 지키고 보호한다는 데 자부심을 느낍니다. 저는 미장(건축 공사에서 흙이나 시멘트를 바르는 일)을 하고 있는데, 이것은 사람 얼굴에 화장을 하는 것과 같습니다. 사람이 화장을 하면 더 예뻐지는 것처럼 문화재도 흙을 잘 바르고 나면 한층 깔끔해지거든요. 목재는 기와와 조화를 이뤄서 예뻐지고, 토방은 황토색과 잘 어울려서 아주 아름다워지지요. 아름답게 수리된 문화재를 볼 때마다 커다란 만족감과 자부심을 느낀답니다.

Q. 문화재 보존원을 꿈꾸는 어린이들에게 한 말씀 해 주세요.

문화재를 보존하고 가꾸는 일에는 끊임없는 연구와 노력이 필요해요. 저도 우리나라의 최고의 미장공이 되기 위해 항상 노력하고 있답니다. 우리 문화재에 관심을 가지고 열심히 공부하세요. 언젠가는 우리나라 최고의 문화재 보존원이 될 수 있을 거예요.

물건은 나에게 맡겨라 물류 전문가
(Professional Logistician)

어떤 나라인가요

집 안을 둘러보면 세계 여러 나라에서 온 물건을 쉽게 볼 수 있어요. 이런 물건들은 어떻게 우리 손으로 들어오게 된 걸까요? 바로 물건을 나르고 관리하는 일을 하는 물류 전문가 덕분이지요. 이곳은 물건이 소비자에게 팔릴 때까지 드는 운송비, 포장비, 보관비 등을 줄이고 좀 더 효과적으로 물건을 나르도록 관리하는 물류 전문가의 나라랍니다.

이 나라에서는 무엇을 잘해야 하나요

많은 물건을 옮기려면 여러 가지를 생각해야 해요. 어떻게 하면 빨리 나를 수 있을지, 비용을 어떻게 줄일지, 어디에 보관해야 좋을지 등을 생각해야 하지요.

이 나라는 앞으로 어떻게 발전할까요

경제가 발전하면서 물건을 옮기고 관리하며 보관하는 물류에 대한 관심이 높아지고 있어요. 특히 우리나라처럼 수출과 수입이 많은 나라에서는 물류를 효과적으로 운용해야 시간과 비용을 줄일 수 있답니다. 그래서 정부에서는 물류 전문가를 기르기 위해 노력하고 있어요. 앞으로 더 많은 물류 전문가들이 활동할 것으로 보여요.

이 나라에 가려면 어떤 준비를 해야 하나요

외국과 거래하는 경우가 많으므로 외국어 공부를 많이 해야 해요. 또한 물류 비용을 줄이는 방법도 생각해 내야 하므로 수학이나 과학도 열심히 공부해 두는 게 좋아요.

도움이 되는 공부 : 사회, 수학, 영어, 경제

미리 가 볼 수 있어요

기관	홈페이지	소개
한국 통합 물류 협회	www.koila.or.kr	물류 관련 현황 조사 및 연구, 진단, 정책 제안에 대한 정보를 볼 수 있어요.
한국 물류 관리사 협회	www.kclca.or.kr	물류 전문가가 되기 위한 시험의 일정 및 교육에 관한 안내를 받을 수 있어요.

이 나라 사람을 만나 보세요
장은갑 (필리핀 아펙스 대표)

Q. 물류 전문가라는 직업의 매력과 장점은 무엇인가요?

물류는 비행기, 배, 기차 등 다양한 교통수단을 이용해서 전 세계로 물건을 옮기는 일을 말합니다. 세계 여러 나라를 다닐 수 있어서 여행을 좋아하는 사람에게 딱 어울리는 직업이지요. 또한 외국의 물류 회사들과 함께 일하기 때문에 많은 친구들을 사귈 수 있어요. 물류 전문가는 온갖 어려움 속에서도 물건이 정해진 날짜에 안전하게 도착하면 큰 보람을 느낍니다. 또 내가 운송시킨 화물로 발전소나 공장이 완성되면 아주 뿌듯하답니다.

Q. 물류 전문가를 꿈꾸는 어린이들에게 한 말씀 해 주세요.

물류 전문가가 되려면 우선 외국어를 잘 해야 합니다. 물류 업무에서 쓰이는 용어가 외국어이고 전 세계 물류 회사들과 일해야 하기 때문이지요.

또 컴퓨터를 능숙하게 다루어야 해요. '물류업=IT'라고 말할 정도로 컴퓨터와 관련이 크거든요.

또한 물류를 하는 사람들의 고객은 무역을 하는 사람들이기 때문에 무역 업무도 정확히 알아야 한답니다.

꼼꼼대륙

 씩씩대륙

 아인슈타인란드

세상의 이치를 밝힌다 물리학자 (Physicist)

어떤 나라인가요

책상, 의자와 같은 물건이나 강아지, 고양이 같은 생명체는 모두 물체라고 해요. 이런 물체를 이루는 것을 물질이라고 하고요. 이런 물질의 특성을 탐구하고, 물질의 운동, 물질 사이의 관계나 법칙 등을 연구하는 사람을 물리학자라고 하지요. 물리학자의 나라에 오신 것을 환영합니다!

이 나라에서는 무엇을 잘해야 하나요

모든 일에 호기심을 가져야 해요. 그리고 실험과 연구를 거듭해야 하므로 끈기와 인내심도 필요하지요. 복잡한 수식을 써서 법칙을 찾아내야 하므로 뛰어난 수학 실력도 필요하답니다.

이 나라는 앞으로 어떻게 발전할까요

물리학은 과학 기술을 발전시키는 데 꼭 필요한 기초 학문입니다. 연구에 대한 성과를 거두기까지 시간이 좀 오래 걸릴 수도 있지만 연구하는 과정도 매우 중요함을 잊지 말아야 해요. 공부하는 것을 좋아하고 과학에 관심이 많은 어린이라면 물리학자에 도전해 보세요.

이 나라에 가려면 어떤 준비를 해야 하나요

과학에 관한 책을 즐겨 읽어야 해요. 특히 아인슈타인이나 뉴턴 같은 물리학자에 관한 전기를 읽으면 물리학자의 삶과 자세에 대해 배울 수 있답니다. 또 수학은 물리학의 기본이 되는 학문이므로 열심히 공부해야 해요. 대학에서 물리학을 전문적으로 공부하면 물리학자가 될 수 있답니다.

도움이 되는 공부 : 과학, 수학, 영어, 물리

미리 가 볼 수 있어요

기관	홈페이지	소개
한국 과학 기술인 연합	www.scieng.net	새로운 과학계의 소식들을 많이 접할 수 있어요.
한국 물리학회	www.kps.or.kr	물리학 전공자들의 학회로, 물리학 용어 검색을 할 수 있어요.

이 나라 사람을 만나 보세요

김필립 (미국, 콜럼비아대 물리학과 교수)

Q. 물리학자라는 직업의 매력과 장점은 무엇인가요?

물리학은 자연 현상을 연구하는 학문이므로, 물리학자는 늘 새로운 현상에 관심을 가지고 끊임없이 연구해야 합니다. 자신이 호기심을 가지고 있는 분야에 대해 공부하고, 이를 통해 자연을 이해하며, 연구 성과를 바탕으로 응용 가능성을 제시할 수 있다는 점이 매력적이지요.

Q. 물리학자를 꿈꾸는 어린이들에게 한 말씀 해 주세요.

주변에서 일어나는 일에 호기심을 가지고 왜 그런지, 과학적으로 어떻게 설명할 수 있을지 고민해 보세요. 무엇이든 의심해 보고 자기 나름대로 다시 이유를 찾아 설명하는 것도 좋은 습관 가운데 하나입니다. 모르는 문제가 있으면 끝까지 답을 찾으려고 하는 자세도 필요합니다. 또한 궁금한 점이 생기면 하나씩 풀어 나가며 그 과정을 즐기세요.

생활 곳곳에서 호기심을 가지고 과학적인 사고력을 키우려고 노력해야 해!

제가 호기심 천국이죠!

꼼꼼대륙 / 씩씩대륙

아픈발호호쿰

발 건강을 책임지는 발 치료 전문의
(Podiatrist)

어떤 나라인가요

발이 아프다면 이 나라를 찾아가세요. 발 치료 전문의가 발을 시원하게 고쳐 줄 거예요. 발 치료 전문의란 발톱, 발가락, 발바닥 등 발과 발목에 생기는 질병을 고쳐 주는 사람이에요. 당뇨나 관절염 등으로 몸에 이상이 생기면 발에도 염증이 생길 수 있기 때문에 발치료 전문의는 사람들의 발을 세심하게 검사한답니다.

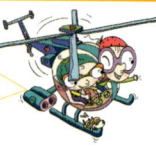

이 나라에서는 무엇을 잘해야 하나요

사람의 움직임을 관찰하고, 어떤 증상이 왜 생기는지 그 까닭을 생각해 보는 습관을 길러야 해요. 그리고 손재주가 있는 사람이 유리해요.

이 나라는 앞으로 어떻게 발전할까요

잘못된 운동이나 높은 구두를 즐겨 신는 습관 등으로 발 치료가 필요한 사람들이 늘고 있어요. 또 당뇨 등의 질병을 앓거나, 근육과 인대가 약한 노인 인구가 늘어나면서 발 치료 전문의를 찾는 사람들이 많아지고 있지요. 그래서 미국이나 캐나다 같은 나라에서는 수많은 발 치료 전문의가 활동하고 있답니다. 우리나라에서도 발 건강에 관심이 높아지면서 정형외과 전문의들이 발 치료를 전문으로 하는 병원을 차리거나, 종합 병원에서 발을 치료하는 부서가 생기고 있어요.

이 나라에 가려면 어떤 준비를 해야 하나요

사람의 몸과 발에 대해 공부해야 하지요. 미국에는 발 의학을 전문적으로 가르치는 대학이 따로 있고, 우리나라에서는 의대에서 정형외과를 공부하면 발 치료를 할 수 있어요.

도움이 되는 공부 : 과학, 수학, 국어, 의학

좀 더 알아보아요

발 치료 전문의의 충고

▶ 발 크기를 정확히 알고 신발을 신으세요.
2~4년에 한 번씩은 자신의 발 크기를 정확히 재어 볼 필요가 있어요. 특히 체중에 변화가 생긴 뒤에는 발의 크기를 꼭 다시 확인하고 새 신발을 구입해야 한답니다.

▶ 자주 바꿔 신으세요.
똑같은 높이의 신발을 매일 신지 마세요. 아주 약간만 높이가 달라져도 발에 가해지는 압력이 달라지므로 높이를 바꿔 가며 부담을 덜어 주는 것이 좋답니다.

이 나라 사람을 만나 보세요

이택호 (호주, 이택호 발 전문 클리닉)

Q. 발 치료 전문의라는 직업의 매력과 장점은 무엇인가요?

발 치료 전문의는 발 의학을 공부한 사람으로, 발을 치료하고 관리하는 일을 합니다. 발에 문제가 생겨 고통받고 있던 환자들이 치료를 받고 만족스러워할 때 보람과 자부심을 느끼지요.

Q. 발 치료 전문의를 꿈꾸는 어린이들에게 한 말씀 해 주세요.

미국, 캐나다, 영국 등 외국에는 발 치료 전문의가 많이 활동하고 있지만 우리나라에는 아직 발만 전문으로 치료하는 의사가 없답니다. 우리나라 어린이들이 발 치료에 관심을 가지고 이 직업에 도전하면 좋겠습니다.

꼼꼼대륙 / 씩씩대륙

땅땅얼마칸

알짜 부동산을 골라내는 부동산 감정사
(Real Estate Appraiser)

어떤 나라인가요

땅이나 건물처럼 움직여 옮길 수 없는 재산을 부동산이라고 해요. 부동산을 사고팔거나 나라에서 개발을 위해 땅을 사들이려면 부동산의 가치를 알아야 하지요. 이곳은 이러한 부동산의 가치를 평가하는 부동산 감정사의 나라랍니다.

이 나라에서는 무엇을 잘해야 하나요

손님을 상대하는 일이 많으므로 다른 사람들에게 친절하게 대할 수 있어야 해요. 다른 사람의 이야기를 주의 깊게 듣고 자신의 주장을 조리 있게 말할 수 있어야 하고요. 또한 다른 사람의 재산과 관련된 일이므로 정직하고 솔직해야 해요.

이 나라는 앞으로 어떻게 발전할까요

경제가 발전하고 사회가 복잡해지면서 부동산과 관련된 제도도 복잡해졌어요. 부동산 가격이 높아져서 정확한 평가를 하는 것이 중요해졌구요. 미국에는 10만 명 이상이 부동산 감정사로 일하고 있어요. 앞으로 부동산 감정사의 역할은 점점 더 커질 것으로 보여요.

이 나라에 가려면 어떤 준비를 해야 하나요

수학 공부를 체계적으로 해야 해요. 경제의 흐름에 대해서도 관심을 가져야 하고요. 우리나라에서는 감정 평가사라는 자격을 따야 해요. 감정 평가사는 부동산뿐만 아니라 돈이나 증권과 같은 동산도 취급하지요. 감정 평가사 시험에 합격하려면 경제와 법률에 대한 깊이 있는 지식이 있어야 해요.

도움이 되는 공부 : 수학, 사회, 국어, 경제

좀 더 알아보아요

감정사의 종류

미국에서는 연방 정부가 제공하는 융자가 관련된 경우에, 인가(licensed) 부동산 감정사와 공인(certified) 주택 부동산 감정사는 25만 달러 이하의 부동산을 감정할 수 있고, 공인 일반(certified general) 부동산 감정사는 금액에 제한 없이 모든 부동산을 감정할 수 있지요.

이 나라 사람을 만나 보세요

이진범 (미국, 제이엠 유나이티드)

Q. 부동산 감정사라는 직업의 매력과 장점은 무엇인가요?

아파트, 땅, 건물 등 부동산의 종류는 매우 다양해요. 그래서 부동산을 감정하고 가치를 매기는 일은 새로운 것을 경험한다는 측면에서 즐거움이 있어요. 늘 새로운 대상을 만나기 때문에 창조적인 직업이라고도 할 수 있죠. 또한 부동산 숫자보다 활동하는 감정사의 수가 적기 때문에 일이 안정적이고 수입도 비교적 높답니다.

Q. 부동산 감정사를 꿈꾸는 어린이들에게 한 말씀 해 주세요.

무엇보다도 창조적인 사고가 필요하다고 말하고 싶어요. 어떤 분야의 전문가가 되려면 어렸을 때부터 다양한 경험을 쌓고 자유롭게 생각할 줄 알아야 합니다.

또한 부동산의 종류가 매우 다양하기 때문에 부동산의 활용 방법이나 가치에 대해 지식을 쌓는 것도 큰 도움이 돼요. 마지막으로 항상 정직하고 성실해야 한다는 것, 잊지 마세요.

꼼꼼대륙

얼마니움

꼼꼼한 계산쟁이 비용 평가사
(Price Appraiser)

어떤 나라인가요

연필 한 자루를 만드는 데 돈이 얼마나 들까요? 집을 짓는 데는요? 이처럼 물건을 만들거나, 건물을 지을 때 어느 정도의 비용이 들어가는지를 계산하는 사람이 비용 평가사예요. 이곳은 비용 평가사의 나라예요. 비용 평가사는 인건비, 땅값, 재료비, 설계비, 운반비 등 물건을 만들거나 건물을 지을 때 드는 모든 비용을 찾아서 계산한답니다.

이 나라에서는 무엇을 잘해야 하나요

비용을 계산해야 하므로 수학을 잘해야 해요. 또 꼼꼼해야 하고요. 사람을 상대할 일이 많으므로 다른 사람의 이야기를 주의 깊게 듣고 잘 이해할 수 있어야 해요. 또한 자신의 주장을 상대방에게 잘 전달할 수 있어야 하지요.

이 나라는 앞으로 어떻게 발전할까요

경제가 발전할수록 사업을 벌이거나 물건을 만드는 데 드는 비용을 계산하는 일이 중요해지고 있어요. 미국에는 약 20만 명의 비용 평가사가 있는데, 미국에서는 전망 있는 직업으로 소개될 정도로 주목받고 있답니다.

이 나라에 가려면 어떤 준비를 해야 하나요

돈을 다루는 일이므로 수학 공부를 체계적으로 해야 해요. 대학에서 경영학이나 경제학, 회계학, 수학을 공부하면 유리하지요. 집에서 음식을 할 때 실제 비용이 얼마나 들어가는지 관찰해서 기록해 보세요. 좋은 공부가 될 거예요.

도움이 되는 공부 : 수학, 사회, 국어, 경제

좀 더 알아보아요

비용 평가사 일을 하는 데 중요한 지식 10가지

1. **수학** : 수리, 대수학, 기하학, 미분과 적분, 통계 등에 관한 지식
2. **공학과 기술** : 공학과 기술을 실제로 적용하는 것에 관한 지식
3. **영어** : 어휘의 의미와 철자, 문법 등을 포함한 영어의 구조와 내용에 관한 지식
4. **경제학과 회계** : 경제학, 회계 원리, 금융 시장, 금융 자료의 분석과 보고에 관한 지식
5. **컴퓨터와 전자** : 회로기판, 전자 칩, 컴퓨터 하드웨어와 소프트웨어 등에 관한 지식
6. **행정과 관리** : 전략적 계획, 자원 할당, 인적 자원, 리더십, 생산 방식, 사람과 자원의 조정 등과 관련된 사업과 관리에 관한 지식
7. **설계** : 정밀한 기술적 계획을 세우는 데 필요한 설계 기술, 도구, 원칙 등에 관한 지식
8. **생산과 과정** : 원료, 생산 과정, 품질 관리, 비용, 제품을 효과적으로 제조하고 분배하기 위한 효과적인 기법에 대한 지식
9. **빌딩과 건축** : 집과 빌딩, 고속 도로와 일반 도로와 같은 구조물을 건축하는 데 관련된 재료, 방법, 도구 등에 대한 지식
10. **고객 서비스** : 고객들에게 서비스를 제공하는 데 필요한 원칙과 과정에 대한 지식

비용 평가사 일을 하는 데 중요한 능력 10가지

1. **수학** : 수학을 이용해서 문제 해결
2. **비판적 사고** : 문제에 접근할 때 강점과 약점을 확인하는 논리와 추리의 사용
3. **말하기** : 다른 사람에게 이야기를 해서 효과적으로 정보를 전달
4. **적극적 청취** : 다른 사람의 이야기에 집중하고 핵심을 이해하며 적절한 질문을 함
5. **판단과 의사 결정** : 가장 적절한 행동을 위해 여러 가지 행동의 비용과 이익을 고려
6. **재정 관리** : 업무 수행에 필요한 돈의 분량을 결정하고 비용을 충당
7. **독해력** : 일과 관련된 문헌의 문장과 문단의 이해
8. **복잡한 문제 해결** : 복잡한 문제를 인식하고 관련된 정보를 조사해서 해결책을 마련
9. **시스템 분석** : 조건이나 환경의 변화가 결과에 어떠한 변화를 야기하는지, 시스템이 어떻게 작동해야 하는지를 결정
10. **글쓰기** : 고객의 필요에 맞게 효과적으로 글을 써서 의사소통

〈출처: 미국 직업 정보 네트워크〉

꼼꼼대륙 　　　　　　　　　　　　　씩씩대륙

바이오인포랜드

생명 공학의 빛냄이 생물 정보학자
(Bioinformatics Specialist)

어떤 나라인가요

과학자들의 노력으로 생명과 관련된 비밀들이 하나씩 드러나고 있어요. 이런 연구 성과를 한데 모으고 잘 관리해야 관련 학문과 산업 발전에 도움을 줄 수 있지요. 생물 정보학자는 과학자가 밝혀 낸 유전자나 단백질 정보로 쓸모 있는 정보를 만드는 일을 한답니다. 자, 생물 정보학자의 나라에 오신 것을 환영합니다!

이 나라에서는 무엇을 잘해야 하나요

생명 현상에 관한 자료는 매우 방대해서 컴퓨터로 관리해요. 따라서 컴퓨터를 능숙하게 다룰 수 있어야 해요. 또한 생명 과학 분야와 수학에 대한 전문적인 지식도 필요해요. 그래야만 과학자들이 연구한 것들을 해석할 수 있지요.

이 나라는 앞으로 어떻게 발전할까요

생명 공학은 발전 가능성이 높은 분야로, 우리나라뿐만 아니라 선진국에서도 연구가 활발히 이루어지고 있어요. 생물 정보학은 생명 공학의 연구 성과를 높이는 데 크게 기여하고 있지요. 앞으로 더 많은 연구소나 대학, 기업체에서 생물 정보학자를 찾을 것으로 보여요.

이 나라에 가려면 어떤 준비를 해야 하나요

과학과 수학 공부를 잘해야 할 뿐만 아니라 컴퓨터 공부도 체계적으로 해야 해요. 대학에서 생물학이나 통계학 공부를 하면 유리해요. 생명체와 유전학에 대한 책을 구해서 읽으면 이 분야를 준비하는 데 도움이 된답니다.

도움이 되는 공부 : 과학, 수학, 실과, 생물

좀 더 알아보아요

생명 정보학이란?

생명 정보학(Bioinformatics)은 Bio(생명)와 Informatics(정보학)의 합성어로 21세기를 이끌 두 핵심 분야인 컴퓨터 정보 통신 분야와 생명 과학 및 생명 공학 분야가 접목된 매우 중요한 학문 분야랍니다.

이 나라 사람을 만나 보세요

허철구 (한국 생명 공학 연구원)

Q. 생물 정보학자라는 직업의 매력과 장점은 무엇인가요?

생물학의 종류는 무궁무진하고, 생물학자마다 연구 대상도 다양합니다. 생물학자가 자신이 연구하는 대상에 대해서만 탐구하는 것과 달리, 생물 정보학자는 생물학과 관련된 다양한 정보를 전체적으로 다루며 연구합니다. 우리가 정리한 정보 덕분에 실험에 성공했다거나, 실험에 걸리는 시간과 돈이 많이 줄었다는 이야기를 들을 때 보람을 느낀답니다.

Q. 생물 정보학자를 꿈꾸는 어린이들에게 한 말씀 해 주세요.

항상 "왜 그럴까?" 하는 의문을 가지고 답을 찾기 위해 노력하세요. 무슨 현상이든 원인에 대해 탐구하고 새롭게 보려고 노력하는 것이 훌륭한 생물 정보학자가 될 수 있는 길이랍니다.

105

꼼꼼대륙 | 씩씩대륙

바이오만

살아 있는 모든 것을 연구하는 생물학자
(Biological Scientist)

어떤 나라인가요

이곳은 생물학자의 나라예요. 동물, 식물, 미생물 등 생명체의 구조와 기능을 연구하는 사람을 생물학자라고 하지요. 연구 분야에 따라서 동물학자, 식물학자, 미생물학자 등으로 구분돼요. 생물학자는 대학교, 연구소, 제약 회사나 식품 회사, 생물 공학 회사 같은 기업체 등에서 연구를 해요.

이 나라에서는 무엇을 잘해야 하나요

생물학자들은 팀을 이루어 연구하는 경우가 많기 때문에, 상대방의 이야기를 잘 이해하고 자신의 의견도 잘 전달할 수 있어야 해요. 연구를 하는 데에 오랜 시간과 정성이 필요하므로 참을성도 많아야 하고요. 또 꾸준히 관찰하고 기록해야 하므로 꼼꼼해야 합니다.

이 나라는 앞으로 어떻게 발전할까요

현재 세계 여러 나라에서 생명공학을 발전시키기 위해 애쓰고 있어요. 생명 공학이 미래 산업의 중심이 될 것이라고 보기 때문이에요. 생명 공학의 기본은 생물학이므로 앞으로는 생물학자들이 생명 공학이 발전하는 데 더욱 중요한 역할을 할 것으로 보여요.

이 나라에 가려면 어떤 준비를 해야 하나요

과학과 수학 공부를 열심히 해야 해요. 대학에서 생물학을 전공해야 생물학자가 될 수 있어요. 학자가 되려면 공부하고 연구하는 것을 즐길 줄 알아야 한답니다.

도움이 되는 공부 : 과학, 수학, 영어, 생물

펀펀대륙

곰곰대륙

좀 더 알아보아요

세포와 분자의 차이

세포는 생명체를 이루는 기본 단위이고, 분자는 자기만의 고유한 성질을 지닌 최소 단위예요. 세포는 분자로 이루어져 있답니다.

이 나라 사람을 만나 보세요

강칠용 (캐나다, 웨스턴온타리오대 교수)

Q. 생물학자라는 직업의 매력과 장점은 무엇인가요?

생물학은 모든 의학의 기본입니다. 생물학은 우리 몸의 가장 작은 구성 단위인 세포와 유전자에 대해 연구하기 때문에, 의학을 배우는 사람은 먼저 생물학을 공부해야 합니다. 이처럼 생물학은 생명의 비밀을 탐구하는 학문이라서 연구 내용에 끝이 없으므로 항상 새롭고 신기하지요.

당당대륙

Q. 생물학자를 꿈꾸는 어린이들에게 한 말씀 해 주세요.

생물학에 관한 책을 많이 읽으세요. 생물학에는 아직 밝혀지지 않은 미지의 세계가 정말 많답니다. 앞으로는 신경과 뇌에 대한 연구가 더 활발해질 것이고, 필요한 세포나 분자를 직접 만들어 내는 세상도 올 것입니다. 여러분이 도전해야 할 영역이 많이 남아 있으니, 훌륭한 생물학자가 되겠다는 희망을 가지고 도전해 보기 바랍니다.

친친대륙

꼼꼼대륙

씩씩대륙

바이오화학국

인류 발전에 이바지하는 생화학자
(Biochemist)

어떤 나라인가요

왜 방귀를 뀌는지, 왜 똥을 싸는지 궁금하다면 이 나라로 가 보세요. 생화학자가 자세히 설명해 줄 거예요. 생화학자는 생물체 안에서 이루어지는 화학 반응(호흡, 소화 등)과 생물체를 이루는 물질을 화학적 방법으로 연구하는 사람이에요. 우리 몸에 영향을 미치는 화학 물질을 연구하기도 하지요.

이 나라에서는 무엇을 잘해야 하나요

생화학은 생물학과 화학이라는 두 개의 학문이 만나서 생겨났어요. 따라서 생물학과 화학에 대한 전문 지식이 필요해요. 또한 여러 사람과 함께 연구하는 경우가 많으므로, 사람들과 잘 어울리는 사교적인 성격이면 좋아요.

이 나라는 앞으로 어떻게 발전할까요

프랑스의 생화학자인 파스퇴르는 전염병 예방법을 발견해서 많은 사람의 목숨을 구했어요. 이처럼 생화학은 인류의 발전에 이바지하고 있지요. 생명 공학 분야에서 점점 더 중요한 역할을 하고 있어서 앞으로 더 많은 생화학자들이 활동할 것으로 보여요.

이 나라에 가려면 어떤 준비를 해야 하나요

과학과 수학 공부를 열심히 해야 해요. 그리고 외국의 논문 등을 이해하려면 외국어를 잘해야 하지요. 대학에서 화학이나 생물학, 생화학을 전문적으로 공부하면 좋아요.

도움이 되는 공부 : 과학, 수학, 영어, 화학

미리 가 볼 수 있어요

기관	홈페이지	소개
한국 생화학 분자 생물학회	www.biochem.or.kr	생화학 학회 소식 및 학술 대회와 학회의 활동에 대해 알 수 있어요.
국가지정생물학연구 정보센터(BRIC)	www.bric.postech.ac.kr	국내 생물학 연구 자료, 전세계 생물학 웹사이트, 뉴스 등을 볼 수 있어요.

이 나라 사람을 만나 보세요

전주홍 (서울대 의대 생리학 교수)

Q. 생화학자라는 직업의 매력과 장점은 무엇인가요?

생화학자는 생명 현상의 비밀을 파헤치는 사람입니다. 우리 몸의 신비를 밝힘으로써 생명 현상에 대한 궁금증을 하나씩 풀어 간다는 매력이 있지요. 또 이런 사실들을 많은 사람들에게 알려 줌으로써 사람들이 생명 현상에 관심을 가지고 이해할 수 있게 도와주고 있답니다. 또한 연구 결과를 바탕으로 질병의 치료, 예방, 진단에 도움을 줌으로써 사회적인 발전에도 기여하고 있지요.

Q. 생화학자를 꿈꾸는 어린이들에게 한 말씀 해 주세요.

연구한다는 건 참 힘든 일입니다. 과학자는 가설을 세우고, 실험을 설계하고, 이를 검증하는 일을 하는데, 이 과정에서 실패도 많고 원하는 결과가 나오지 않을 때도 많습니다. 하지만 정말 이 일을 좋아한다면 어려움을 헤쳐 나갈 수 있답니다. 자신의 열정을 연구에 쏟을 수 있다면 생화학자로서 뛰어난 업적을 남길 수 있을 테니 열심히 노력하세요.

꼼꼼대륙 / 씩씩대륙

물주리아

흙이 없어도 괜찮아 수경 재배 기술자
(Hydroponic Technician)

어떤 나라인가요

흙 대신 물속에 뿌리를 내리게 해서 식물을 기르는 것을 수경 재배라고 해요. 이곳은 수경 재배를 전문적으로 하는 수경 재배 기술자의 나라예요. 수경 재배 기술자는 물의 양과 물 주는 횟수, 빛의 세기, 온도 등을 조절해서 식물이 잘 자랄 수 있게 해요. 또 식물에 필요한 영양제를 물에 섞어 주기도 한답니다.

이 나라에서는 무엇을 잘해야 하나요

수경 재배 식물은 흙에서 자라는 식물보다 빨리 자라요. 하지만 물의 양이 적당하지 않거나, 영양이 부족하거나, 제대로 관리되지 않으면 쉽게 죽지요. 따라서 섬세하게 식물을 관리해야 하며, 끊임없이 새로운 농사법을 연구하고 익혀야 해요.

이 나라는 앞으로 어떻게 발전할까요

우리가 즐겨 먹는 콩나물, 토마토, 각종 쌈채소 등은 수경 재배로 길러져요. 흙이 필요 없이 작은 공간만 있어도 되고, 깨끗한 물속에서 기르기 때문에 위생적이랍니다. 앞으로는 우주인들도 우주에서 수경 재배로 기른 채소와 과일을 먹을 수 있게 될 거예요.

이 나라에 가려면 어떤 준비를 해야 하나요

과학 공부를 열심히 해야 해요. 외국의 최신 수경 재배 기술을 배울 수 있도록 외국어도 잘해야 하고요. 대학에서 농학이나 생물학을 공부해야 한답니다. 집에서 양파, 고구마, 튤립, 수선화 등을 수경 재배하고 그 과정을 기록해 보세요. 좋은 공부가 될 거예요.

도움이 되는 공부 : 과학, 수학, 영어, 생물

좀 더 알아보아요

가정에서의 수경 재배
▶ 수경 재배 가능한 작물 : 거의 모든 채소 작물
▶ 가정에서 수경 재배 할 수 있는 작물 : 상추, 쑥갓, 시금치, 미나리 등의 잎채소
▶ 수경 재배 시기 : 잎채소는 거의 일 년 내내 생산 가능
▶ 수경 재배에 활용하는 수돗물 온도 : 15~20°C 내외

이 나라 사람을 만나 보세요

변복구 (국제 공업 TOPGREEN 대표, 입체 수경 재배 시설 국제 특허(미국, 일본, 중국, 한국 발명특허) 보유)

Q. 수경 재배 기술자라는 직업의 매력과 장점은 무엇인가요?

　수경 재배는 첨단 농업입니다. 적은 땅에서 많은 작물을 길러낼 수 있으며, 흙 없이도 농사를 가능하게 하는 새로운 농사법이지요. 이렇게 기존의 농사 방법에서 벗어나, 남들이 하지 않는 새로운 농사법을 개척한다는 데에서 자부심이 큽니다.

Q. 수경 재배 기술자를 꿈꾸는 어린이들에게 한 말씀 해 주세요.

　수경 재배는 연구할 거리가 무궁무진한 새로운 농사법이라서 발전 가능성도 매우 크지요. 새로운 수경 재배법이 개발될 때마다 우리 농촌은 더욱 살기 좋은 곳이 될 거예요. 관심 있는 어린이들의 도전을 기대합니다.

111

아름다운 숲을 만드는 숲 전문가 (Forester)

어떤 나라인가요

이곳은 숲 전문가의 나라예요. 숲을 가꾸고, 아름답고 유익한 숲을 만들기 위해 여러 가지 계획을 세우는 사람을 숲 전문가라고 하지요. 숲에 어떤 나무를 심고 가꿀지, 숲을 어떻게 보호할지 등 늘 숲에 대해 연구한답니다.

이 나라에서는 무엇을 잘해야 하나요

숲을 좋아해야 해요. 또한 숲은 하루 아침에 가꾸어지는 것이 아니므로 참을성 있게 기다릴 수 있어야 해요.

이 나라는 앞으로 어떻게 발전할까요

숲은 산나물이나 약초, 나무 열매 같은 먹을거리를 얻는 곳이기도 하고, 가구나 집을 지을 때 쓰는 나무를 길러 내는 곳이기도 해요. 또 공기를 맑게 해 주고, 산사태를 막아 주며, 물을 저장하는 댐의 역할도 해요. 이런 숲의 소중함을 알리기 위해 숲을 안내하고 설명하는 숲 해설가들이 많이 활동하고 있는데, 앞으로는 숲 해설가뿐만 아니라 숲을 가꾸고 관리하는 숲 전문가들도 함께 활동할 것으로 보여요.

이 나라에 가려면 어떤 준비를 해야 하나요

우리나라에는 산이 많아서 숲도 많아요. 숲에 사는 다양한 동식물에 대해 알아보고 숲을 찾아가서 체험해 보면 좋은 공부가 된답니다. 대학에서 산림학을 공부하면 유리해요.

도움이 되는 공부 : 과학, 영어, 사회, 생물

좀 더 알아보아요

숲 해설가가 되려면

숲 해설가는 숲과 자연 휴양림을 찾는 사람들이 나무와 숲에 대해 올바로 이해하고 효율적으로 산림을 탐방할 수 있도록 도와주는 사람이에요. 숲 해설가가 되려면 '숲 해설가 협회', '숲 연구소', '숲과 문화 연구회' 등 관련 단체에서 전문적인 교육을 받아야 해요. 환경교육론, 숲 생태학, 식물(초본·목본)의 이해, 숲 해설 공동 연수 등의 수업을 듣는답니다.

이 나라 사람을 만나 보세요

설미현 (발리, 레인포레스트 연맹 아시아-태평양 지부 소속 감사관)

Q. 숲 전문가라는 직업의 매력과 장점은 무엇인가요?

가장 큰 매력은 숲에서 일한다는 거예요. 숲 전문가는 맑은 공기를 마시며 아름다운 자연과 함께할 수 있는 건강한 직업이랍니다. 또한 숲에 사는 사람들을 찾아다니면서 이들을 도와주며 보람을 느끼지요. 산에 사는 사람들은 대부분 가난하고 위생적으로도 문제가 있는 경우가 많아요. 그들을 돕는다는 자긍심이 무엇보다 크답니다.

Q. 숲 전문가를 꿈꾸는 어린이들에게 한 말씀 해 주세요.

수목원에 꼭 가 보라고 이야기하고 싶어요. 제가 숲 전문가가 된 계기도 광릉 수목원을 방문하고 나서였답니다. 수목원이나 휴양림, 식물사 박물관 등을 방문해서 재미있는 이야기도 듣고 신기한 동식물도 만나 보면 숲에 대한 호기심이 한층 더 생길 거예요. 궁금한 점들은 백과사전이나 책을 찾아보면서 공부하면 더욱 좋아요. 이런 과정을 거치면 숲 전문가가 되는 길이 점점 가까워질 거예요.

건강한 식단은 내게 맡겨라 식단 전문가
(Dietetic Technician)

어떤 나라인가요

이 나라에 가면 건강에 좋고 맛도 좋은 음식을 먹을 수 있어요. 식단 전문가의 나라거든요. 식단 전문가는 식사 습관과 운동량, 건강 상태를 파악해서 필요한 음식과 적당한 양, 알맞은 조리법 등을 추천해 준답니다.

이 나라에서는 무엇을 잘해야 하나요

개인의 생활을 살펴서 식생활이나 식습관 등의 문제점을 잘 파악할 수 있어야 해요. 상황을 분석하고 문제점을 파악할 수 있는 능력도 있어야 하지요. 다른 사람을 도우려는 마음 자세와, 다른 사람의 의견을 잘 듣고 자신의 이야기를 잘 전달할 수 있는 능력도 필요해요.

이 나라는 앞으로 어떻게 발전할까요

식생활이 서구화되면서 지나치게 살찌는 비만이 사회 문제가 되고 있어요. 하지만 잘못된 식습관 때문에 살을 빼지 못하는 사람들이 많아요. 앞으로는 식단 전문가의 도움을 받아 건강하고 몸에 좋은 식단을 짜려는 사람들이 늘어날 것으로 보여요.

이 나라에 가려면 어떤 준비를 해야 하나요

음식에 관심을 가져야 해요. 우리 몸에 필요한 영양소가 무엇인지, 우리가 즐겨 먹는 음식이 어떤 영양소를 가지고 있는지도 알아보세요. 대학에서 식품영양학이나 가정관리학을 공부하면 유리해요.

도움이 되는 공부 : 실과, 과학, 사회, 생물

좀 더 알아보아요

쌀 다이어트

미국의 듀크 대학에서는 쌀 다이어트가 몸무게를 줄이는 데 뛰어난 효과가 있다는 것을 의학적으로 증명했어요. 546명의 남녀를 대상으로 4주 간 쌀 다이어트 프로그램을 진행했더니 여성은 평균 8.6kg, 남성은 13.6kg이 줄었고, 요요 현상도 없었다고 해요. 밥이 보약이란 말, 잊지 마세요.

> 미국의 다양한 영양사 종류에 대해 알고 싶어요

★ **임상 영양사**

병원이나 요양소와 같은 기관에서 환자들에게 영양 관련 서비스를 해요. 환자에게 필요한 영양분을 평가하고 환자에게 적절한 영양소가 제공되도록 관리해요. 요양소나 작은 병원, 교정 시설의 임상 영양사는 음식 서비스 부서를 관리하기도 해요.

★ **지역 사회 영양사**

개인이나 단체를 대상으로 질병 예방과 건강 증진에 관한 영양학적 업무를 상담하는 일을 해요. 공공 보건소, 건강 유지 관리 단체 등에서 근무하는 사람들은 개인의 필요 영양분을 평가하고, 영양 계획을 세우고 개인과 가족을 지도하는 일을 해요. 노인, 특별한 도움이 필요한 개인, 아이들을 위한 음식 준비와 식료품 구매를 도와주기도 해요.

★ **상담 영양사**

고객의 영양 상태를 조사하고, 체중 감소와 콜레스테롤 감소 등의 식이 요법과 관계된 사항들에 관해서 조언하는 일을 해요. 공중위생과 안전, 예산, 계획에 대한 전문 지식을 제공하면서 음식 서비스 관리인을 상대로 상담하기도 해요.

[출처: 미국 직업 전망서]

크레디질랜드

신용 탐정 신용 분석가
(Credit Analyst)

어떤 나라인가요

사람들은 돈이 필요하면 은행 등의 금융 기관에 가서 돈을 빌려요. 그런데 금융 기관에서는 그 사람의 직업이나 월급, 재산 정도, 신용 상태 등을 파악해서 돈을 갚을 능력이 없으면 돈을 빌려 주지 않아요. 회사에 돈을 빌려 줄 때에도 마찬가지예요. 이곳은 회사의 신용 상태를 전문적으로 분석하는 신용 분석가의 나라랍니다.

이 나라에서는 무엇을 잘해야 하나요

여러 가지 자료를 가지고 회사 상황을 판단해야 하기 때문에 작은 것도 꼼꼼히 챙기는 자세가 필요해요. 돈을 갚을 능력이 없는 회사에게 돈을 빌려 주면 금융 기관에 손해를 끼치게 되므로 정직하고 솔직해야 합니다.

이 나라는 앞으로 어떻게 발전할까요

경제가 발전하면서 돈이 필요한 회사들이 늘어나고 있어요. 지금도 은행이나 증권사에서 많은 신용 분석가가 많이 활약하고 있고, 앞으로 더 많은 신용 분석가들이 금융 기관에서 일할 것으로 보여요.

이 나라에 가려면 어떤 준비를 해야 하나요

경제에 관심이 많아야 해요. 신문과 뉴스의 경제 기사를 관심 있게 보고, 앞으로 어떻게 발전할지 예측해 보세요. 신용 분석가가 되려면 회계, 세무 등의 분야를 전문적으로 공부해서 시험에 통과해야 한답니다. 대학에서 경제학, 회계학 등을 공부하면 유리해요.

도움이 되는 공부 : 사회, 수학, 영어, 경제

미리 가 볼 수 있어요

기관	홈페이지	소개
KOFIA 한국 금융 투자 협회	www.kitca.or.kr	금융 투자와 관련된 정보들을 알 수 있어요.
한국 증권 분석사회	www.kciaa.or.kr	관련 자료 및 자격 관련 시험 정보를 알 수 있어요.

이 나라 사람을 만나 보세요

김윤식 (뉴질랜드, SOJ 컨설팅 대표 이사)

Q. 신용 분석가라는 직업의 매력과 장점은 무엇인가요?

신용 분석가는 정확한 분석과 판단으로 성장 가능성이 있는 회사를 도와주는 직업입니다. 어느 지역의 산업, 더 나아가서는 나라의 경제에도 긍정적인 영향을 끼칠 수 있는 일이지요. 나라의 경제 발전을 돕는다는 데에서 만족감과 성취감을 느낄 수 있는 직업이에요. 게다가 수입도 비교적 높은 편이며, 회사에서도 안정적으로 일할 수 있답니다.

Q. 신용 분석가를 꿈꾸는 어린이들에게 한 말씀 해 주세요.

신용 분석가에게는 정확한 분석 능력과 명확한 판단력이 필요합니다. 그러려면 전문 지식을 익혀야 하고 열심히 노력해야 하지요. 수학이나 회계 관련 공부도 열심히 하세요. 또 숫자로 된 자료 속에 숨어 있는 것들도 볼 줄 아는 눈을 키워야 합니다. 앞으로 많은 어린이들이 신용 분석가가 되어 미래에는 우리나라의 경제가 더욱 발전되면 좋겠네요.

마음을 꿰뚫어보는 심리학자
(Psychologist)

어떤 나라인가요

심리학자의 나라에 오신 것을 환영합니다! 사람의 마음과 행동을 연구하는 사람을 심리학자라고 해요. 심리학자는 인간과 동물을 관찰하고 실험해서 마음과 행동의 특성을 찾아내고, 사람들의 마음을 치료하는 방법을 연구해요.

이 나라에서는 무엇을 잘해야 하나요

심리학자들은 자신의 연구 결과를 담은 논문으로 자신의 주장을 전달하는 경우가 많아요. 그래서 자신의 생각을 효과적으로 전할 수 있도록 글쓰기를 잘해야 해요.

이 나라는 앞으로 어떻게 발전할까요

심리학의 쓰임새는 아주 많아요. 광고나 상품을 만들 때, 범인을 잡을 때, 사회 현상을 분석할 때, 운동 선수의 실력을 향상시킬 때, 마음에 상처 입은 사람들을 치료할 때 등 다양한 방면에서 응용되고 있지요. 심리학과 관련된 직업들도 매우 다양하답니다.

이 나라에 가려면 어떤 준비를 해야 하나요

인간의 마음과 행동에 대해 소개한 심리학 책들을 읽으면 도움이 돼요. 대학에서 심리학을 전문적으로 공부해야 한답니다.

도움이 되는 공부 : 사회, 국어, 수학, 심리학

펀펀대륙

미리 가 볼 수 있어요

기관	홈페이지	소개
한국 상담 심리학회	www.krcpa.or.kr	상담 심리사 자격 검정 안내 및 학술 자료를 제공받을 수 있어요.
한국 심리학회	www.koreanpsychology.or.kr	심리학과 관련된 직업 소개 및 각종 심리학 정보들을 제공받을 수 있어요.

이 나라 사람을 만나 보세요

최연국 (정신 보건부 클리닉)

Q. 심리학자라는 직업의 매력과 장점은 무엇인가요?

심리학자는 아픔을 겪는 사람을 돕고, 더 나아가 삶에 희망을 제시하는 특별하고도 보람 있는 직업입니다. 심리학자의 가장 큰 매력은 할 수 있는 일이 다양하다는 데 있습니다. 교육 심리학, 건강 심리학, 사회 심리학, 범죄 심리학, 산업 및 조직 심리학, 여성 심리학, 연구 심리학, 상담 및 임상 심리학 등 많은 분야에서 연구, 치료, 교육, 집필, 방송 등의 일을 할 수 있습니다.

Q. 심리학자를 꿈꾸는 어린이들에게 한 말씀 해 주세요.

몸과 마음이 피곤하던 어느 날, 환자 한 분이 저에게 이렇게 말씀하셨습니다.

"박사님 덕분에 죽지 않고 살았습니다. 고맙습니다."

어려운 사람을 도울 수 있는 직업을 갖는다는 것은 특별하고도 감사한 일입니다. 어린이 여러분도 이런 좋은 일을 함께 하면 좋겠습니다.

최근 우리나라 심리학계는 많이 발전하고 있습니다. 심리 치료에 대한 인식도 점차 좋아지고 있고, 심리학에 대한 관심도 높아지고 있지요. 발전 가능성이 높은 심리학 분야에 어린이 여러분의 많은 도전을 기대해 봅니다.

심장에 문제가 생겼을 때 필요한 심장 혈관 기술자
(Cardiovascular Technologist)

어떤 나라인가요

심장이나 혈관에 이상이 생기면 병원에 가서 검사를 받지요. 이런 검사를 전문적으로 하는 사람을 심장 혈관 기술자라고 해요. 이곳은 바로 심장 혈관 기술자들의 나라랍니다. 심장 혈관 기술자는 의사가 심장이나 혈관 수술을 할 때 돕기도 한답니다.

이 나라에서는 무엇을 잘해야 하나요

사람의 생명을 다루는 일이므로 작은 일에도 주의를 기울이고 꼼꼼해야 해요. 검사와 치료를 하는 데 쓰이는 기계를 능숙하게 다룰 수 있어야 하고요. 또 밤을 새거나 주말에도 일하는 경우가 많기 때문에 몸도 튼튼해야 한답니다.

이 나라는 앞으로 어떻게 발전할까요

잘못된 식습관과 운동 부족, 스트레스 등으로 심장이나 혈관과 관련된 질병이 해마다 늘고 있어요. 아울러 심장과 혈관을 치료하는 기술도 나날이 발전하고 있지요. 외국에서는 심장이나 혈관 문제를 진단하고 치료를 돕는 심장 혈관 기술자를 병원에 꼭 필요한 직업 가운데 하나로 보고 있어요.

이 나라에 가려면 어떤 준비를 해야 하나요

사람의 몸, 특히 심장이나 혈관에 관한 공부가 필요해요. 외국에서는 2년제 대학에서 공부하거나 간호사 등이 강의와 훈련을 받아야 일을 할 수 있어요.

도움이 되는 공부 : 과학, 수학, 영어, 생물

좀 더 알아보아요

심장 페이스메이커(Pacemaker)란?
심장 박동 조절 장치로 심장의 박동이 비정상일 때 심장에 주기적인 전기 자극을 주어 심박동을 정상으로 유지하게 하는 장치예요.

이 나라 사람을 만나 보세요

함동훈 (삼성 서울 병원 심혈관 조영실 심혈관 기사)

Q. 심장혈관 기술자라는 직업의 매력과 장점은 무엇인가요?

심장 혈관 기술자는 심장과 관련된 검사와 치료를 합니다. 심장은 무척 중요한 장기이고 심장병은 생명과 직결되는 질병이지요. 심장을 치료해서 환자에게 새 생명을 찾아 줄 때 보람을 느낀답니다. 심장병에 걸리면 환자뿐 아니라 가족들도 힘들어하는데, 제가 하는 일이 환자와 그 집안에까지 웃음을 찾아 준다고 생각하면 아주 기쁩니다.

Q. 심장 혈관 기술자를 꿈꾸는 어린이들에게 한 말씀 해 주세요.

사람이나 동물을 사랑하는 마음을 가져야 해요. 사람과 동물에 대한 사랑이 있어야 환자들에게 잘 대할 수 있으니까요. 또 평소에 자연과 동식물에 관심을 갖도록 노력하고, 더 나아가서 의학이나 생물학 공부를 열심히 하면 많은 도움이 될 거예요.

꼼꼼대륙 — 꼭꼭숨기니

아무도 모르게 쉿! 암호 전문가
(Cryptographer)

어떤 나라인가요

암호는 비밀을 지키기 위해 필요한 사람만 알 수 있도록 정한 약속이에요. 출입문, 컴퓨터, 은행의 현금 입출금기 등 암호가 쓰이는 곳은 아주 많답니다. 여기는 이런 암호를 만들고, 풀고, 관리하는 사람인 암호 전문가의 나라랍니다.

이 나라에서는 무엇을 잘해야 하나요

새로운 것을 생각해 낼 수 있는 창의력이 있어야 해요. 나쁜 사람들이 암호를 풀면 큰 문제가 생길 수 있으므로, 창의적인 방법으로 암호를 만들어야 하지요. 또 남에게 암호를 함부로 가르쳐 주면 안 되고, 정직해야 한답니다.

이 나라는 앞으로 어떻게 발전할까요

제2차 세계 대전 때 연합군이 승리한 이유를 암호 기술이 독일군보다 앞섰기 때문이라고도 해요. 그만큼 암호는 중요해요. 정보화 사회로 발전하면서 암호의 중요성은 점점 커지고 있어요. 우리나라에서도 암호 전문가들이 많이 활동하고 있답니다.

이 나라에 가려면 어떤 준비를 해야 하나요

수학은 암호를 만드는 데 기본이 됩니다. 따라서 수학 공부를 열심히 해야 해요. 대학에서 수학이나 통계학, 컴퓨터 공학 등을 공부하면 유리해요. 암호에 관해서 쉽게 풀어 쓴 책을 찾아 읽으면 암호의 세계에 대해 더 많은 것을 알 수 있을 거예요.

도움이 되는 공부 : 수학, 컴퓨터, 영어

좀 더 알아보아요

애니그마(Enigma)란?

타자기와 비슷한 모양으로 제2차 세계 대전 당시 독일군이 쓰던 암호 생성기입니다. 이 '애니그마'라는 암호 생성기는 연합군에게 엄청난 골칫덩어리였다고 해요. 어렵게 암호문을 훔쳐 와도 풀 수가 없었으니까요. 애를 먹던 영국 정부는 1939년 런던 근처에 암호 학교를 세우고, 여기서 당대의 수학 천재 튜링을 비롯해 내노라하는 과학자들에게 애니그마 암호문을 풀게 했다고 해요. 암호문을 풀던 튜링이 '자동 해독'에 대한 아이디어를 내놓았고, 이를 바탕으로 암호문을 풀어 낸 연합군은 마침내 전쟁에서 승리할 수 있었다고 해요.

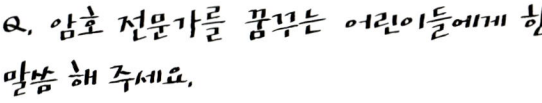

이영 (테르텐 부사장)

Q. 암호 전문가라는 직업의 매력과 장점은 무엇인가요?

암호 전문가는 암호가 필요한 산업들을 이해하고 그 산업에 가장 적합한 암호를 설계합니다. 우리나라는 암호 분야에 있어서 선진국은 아닙니다. 하지만 인터넷과 컴퓨터 산업의 발달로 암호 분야의 일이 늘어나고 있어서, 앞으로 발전 가능성은 대단히 높습니다. 아직 전문가가 많지 않아서 자신의 전문 분야를 확실히 개척할 수 있다는 장점도 있지요. 자신이 개발한 암호 프로그램 제품들이 잘 사용될 때 보람을 느낀답니다.

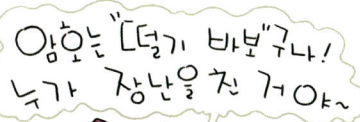

Q. 암호 전문가를 꿈꾸는 어린이들에게 한 말씀 해 주세요.

우선 수학에 흥미를 가져야 합니다. 하지만 컴퓨터 프로그램을 만드는 능력도 갖추어야 경쟁력 있는 암호 전문가가 될 수 있습니다. 또한 끈기와 열정, 어려운 일도 포기하지 않는 마음가짐, 새로운 일에 도전하는 도전 정신이 필요합니다.

말하기 선생님 언어 치료사
(Speech-Language Pathologist)

어떤 나라인가요

말하는 데 문제가 있나요? 그러면 이 나라로 오세요. 언어 치료사가 도와줄 거예요. 언어를 이해하는 능력이 부족하거나 표현, 발음 등에 문제가 있는 사람들이 온전한 언어 생활을 할 수 있도록 돕는 사람을 언어 치료사라고 해요.

이 나라에서는 무엇을 잘해야 하나요

하고 싶은 말을 제대로 하지 못하는 것은 큰 고통입니다. 이런 어려움을 겪는 사람들을 이해하고 돕고자 하는 마음이 필요해요. 그리고 어떤 이유로 언어 장애가 나타나는지 알아내려면 세심한 관찰력도 필요해요.

이 나라는 앞으로 어떻게 발전할까요

뇌성마비, 실어증, 정신 지체, 청각 장애, 자폐 등의 장애가 있거나, 중풍이나 뇌출혈 같은 큰 병을 앓게 되면 말을 하는 데 어려움을 겪어요. 이런 사람들에게 도움을 주는 것이 언어 치료인데, 우리나라에서는 그동안 언어 치료에 대한 인식이 많이 부족한 편이었어요. 하지만 대학교에 언어 치료학과가 생기는 등 점차 수요가 늘고 있지요.

이 나라에 가려면 어떤 준비를 해야 하나요

말하기와 듣기를 잘해야 해요. 책을 소리 내서 읽고, 정확하게 발음하는 습관을 들이면 도움이 되지요. 병원이나 복지관 등에서 언어 치료사로 일하려면 대학에서 언어 치료학을 공부하고, 언어 치료사 자격증을 따야 합니다.

도움이 되는 공부 : 국어(읽기·듣기), 과학, 영어

미리 가 볼 수 있어요

기관	홈페이지	소개
한국 언어 치료 학회	www.ksha1990.or.kr	학회지 및 국내외 관련 사이트에 대한 소개가 있어요.
한국 언어 청각 임상 학회	www.kasa1986.or.kr	언어 청각 정보 및 학회 소식지에 대한 소개가 있어요.

이 나라 사람을 만나 보세요
제인 손 (미국, Progress Speech & Language)

Q. 언어 치료사라는 직업의 매력과 장점은 무엇인가요?

인간이 살아가는 데 언어가 얼마나 중요한지는 굳이 말하지 않아도 잘 알고 있을 거예요. 하지만 안타깝게도 언어 사용이 힘든 사람도 있어요. 저는 말이 느리거나, 말을 더듬거나, 표현을 잘하지 못하는 아이들이 치료를 받고 조금씩 좋아지는 모습을 볼 때마다 뿌듯해지곤 합니다. 언어 치료로 한 사람의 삶을 긍정적으로 바꿀 수 있다는 점에서 언어 치료사는 자부심을 가질 만한 직업입니다.

Q. 언어 치료사를 꿈꾸는 어린이들에게 한 말씀 해 주세요.

사람을 돕고 싶어 하는 마음, 다른 사람이 잘 되는 모습에 보람을 가질 수 있는 친구들이라면 언어 치료 일을 좋아할 거예요.

하지만 언어 치료로 효과를 보려면 오랜 시간이 걸리므로 참을성을 가지고 견딜 수 있어야 합니다. 또 새로운 언어 치료법이나 좋은 도구들이 나올 때마다 공부도 많이 해야 한답니다.

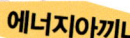

에너지를 아껴라 에너지 매니저
(Energy Manager)

어떤 나라인가요

에너지를 아끼고 싶다면 이 나라로 찾아가세요. 에너지 매니저가 에너지를 효과적으로 사용하는 방법을 일러 줄 거예요. 에너지 매니저는 가정이나 회사, 단체에서 에너지를 절약할 수 있는 방법을 생각해 내고 실행하는 사람이에요. 에너지를 쓴 뒤 생기는 이산화탄소와 쓰레기를 줄이는 방법에 대해서도 연구한답니다.

이 나라에서는 무엇을 잘해야 하나요

어떻게 하면 에너지를 절약하고 효과적으로 이용할 수 있는지 깊이 있게 고민해야 해요. 에너지 관련 시설을 설치하고 관리할 수 있는 전문 기술도 필요합니다.

이 나라는 앞으로 어떻게 발전할까요

에너지 매니저는 앞으로 발전할 가능성이 많은 직업이에요. 영국에서는 5년에서 10년 사이의 경력을 가진 에너지 매니저라면 1억 원 정도의 연봉을 받을 정도로 인정받고 있답니다. 우리나라에는 에너지 낭비를 막고 효과적으로 이용하기 위해 보일러 등의 열에너지 기구를 설치, 관리하는 에너지 관리 기사 제도가 있어요.

이 나라에 가려면 어떤 준비를 해야 하나요

집이나 학교에서 에너지가 낭비되고 있는 곳은 없는지 생각해 보고 에너지를 절약할 수 있는 방법을 찾아 실천해 보세요. 또 에너지 문제의 심각성을 알리는 책들을 찾아 읽는 것도 좋은 공부가 돼요. 대학에서 에너지 관리학, 에너지 공학 등을 공부하면 유리해요.

도움이 되는 공부 : 실과, 과학, 수학, 공학

미리 가 볼 수 있어요

기관	홈페이지	소개
에너지 절약 전문 기업 협회	www.esco.or.kr	에너지 절약에 관한 각종 기술 자료 및 투자 사례들을 볼 수 있어요.
한국 에너지 신문	www.koenergy.co.kr	국내외 에너지 관련 산업 동향과 신기술 정보 및 학술 자료, 에너지 전략 등에 대해 알 수 있어요.

이 나라 사람을 만나 보세요

이나미 (미국, GES)

Q. 에너지 매니저라는 직업의 매력과 장점은 무엇인가요?

여러분이 어떤 회사의 에너지 매니저로 일한다면, 그 회사의 에너지 사용에 대한 문제점을 지적해 주고 에너지 절약 방법을 이야기해 줌으로써 에너지를 좀 더 효율적으로 사용하는 데 도움을 줄 수 있어요. 이 일은 그 회사뿐만 아니라 우리가 사는 지구 환경에도 큰 도움이 되기 때문에 일하면서 자부심을 느낄 수 있답니다.

Q. 에너지 매니저를 꿈꾸는 어린이들에게 한 말씀 해 주세요.

에너지에는 어떤 종류가 있는지, 어떻게 쓰이는지 공부해 보세요. 또 환경 문제에도 관심을 기울이세요. 이런 지식이 쌓이면 에너지 매니저가 되는 데 큰 도움이 된답니다.

꼼꼼대륙   씩씩대륙

별똥알제리

우주의 신비를 찾아서 우주 화학자
(Cosmochemist)

어떤 나라인가요

　우주 화학자의 나라에 오신 것을 환영합니다! 우주에 존재하는 물질을 화학적으로 연구하는 사람을 우주 화학자라고 해요. 우주 화학자는 우주에 있는 원소의 분포, 생성, 소멸 과정 등을 연구한답니다. 지구에 떨어진 운석을 분석하고, 운석의 특성을 살피는 것도 우주 화학자의 일이지요.

이 나라에서는 무엇을 잘해야 하나요

　작은 일도 호기심을 가지고 원인을 밝히려는 자세가 필요해요. 오랜 시간 동안 연구하고 공부해야 하는 직업이므로, 학문을 사랑해야 하며 끈기와 참을성도 필요해요.

이 나라는 앞으로 어떻게 발전할까요

　우주에 대한 호기심은 인류의 역사만큼이나 오래되었어요. 과학자들의 노력으로 우주에 관한 궁금증이 조금은 풀어졌지만 아직 알려지지 않은 것이 더 많답니다. 앞으로 우주 화학자들이 더 많은 우주의 신비를 풀어 줄 것으로 기대돼요.

이 나라에 가려면 어떤 준비를 해야 하나요

　화학과 천문학에 관한 지식이 필요해요. 우주에 관한 책을 많이 읽으면 좋은 공부가 될 거예요. 또 대학에서 화학과 천문학을 전문적으로 공부해야 해요.

　도움이 되는 공부 : 과학, 수학, 영어, 천문학

> 화학과 관련된 다양한 직업을 알고 싶어요

★ **화학 분석 시험원**
화학적인 방법으로 원료나 제품을 시험하고 분석해서 원료나 제품의 성분과 특성을 파악하는 일을 해요. 화학 공학의 원리와 기술을 응용해서 원료, 중간 제품, 최종 제품 등이 정해진 원칙과 일치하는지 시험하고 분석하는 것이 중요한 임무랍니다.

★ **농약 화학 연구원**
새로운 저공해 농약 등을 연구하고 개발하는 일을 해요. 농업용 약품의 화학적 성질과 특성에 대한 연구가 주된 임무랍니다.

★ **생화학 연구원**
생물체의 화학적 성분과 작용을 연구해서 의학 등 관련 분야에 적용하기 위해 연구하는 일을 해요. 조금 구체적으로 말하자면 음식물, 화학 약품, 호르몬 및 기타 물질 등이 생물체의 조직과 생명 과정에 미치는 영향을 연구하지요. 생화학 연구원의 노력으로 음료 및 식료품의 보존 방법이 개선되었고, 정수와 오물 처리를 하는 새로운 방법도 개발되고 있어요.

★ **석유 화학 제품 기술공**
석유나 천연가스에서 만들어 낸 화학 제품을 석유 화학 제품이라고 하며, 이 제품을 생산하기 위해 원료를 분석하고 공정을 분석하는 사람이 석유 화학 제품 기술공이랍니다. 에틸렌, 프로필렌, 합성고무 등이 석유 화학 제품의 예입니다.

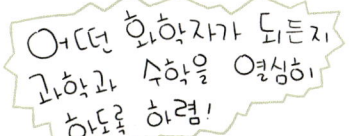

★ **화학 비료 제조 장치 조작원**
비료를 만드는 데 필요한 여러 기계를 조작하는 일을 해요. 비료를 생산하는 기계의 온도, 압력, 속도 등을 수시로 파악하고 변경이 필요할 때에는 제어 장치를 조작해서 변경한답니다.

꼼꼼대륙
휴먼부르크

씩씩대륙

사람을 연구하는 인류학자
(Anthropologist)

어떤 나라인가요

이곳은 인간 사회와 문화가 어떻게 발전해 왔는지, 그 특징은 무엇인지 등을 연구하는 인류학자의 나라랍니다. 사람의 신체적 특징을 연구하는 형질 인류학, 사회·문화 등을 연구하는 문화 인류학, 유물을 통해 인류의 과거를 연구하는 고고학 등으로 나뉘지요.

이 나라에서는 무엇을 잘해야 하나요

인간은 동물과 어떻게 다른지, 남자와 여자의 차이는 무엇인지, 인류 문화의 특성은 무엇인지 등 여러 분야에 호기심이 있어야 해요. 오랜 시간 연구하고 조사해야 하는 직업이므로, 끈기와 참을성이 필요해요.

이 나라는 앞으로 어떻게 발전할까요

그동안에는 미국, 영국 같은 선진국의 학자들이 인류학 연구를 이끌어 왔어요. 하지만 우리나라에서도 인류학과를 만드는 대학이 늘고 있고 인류학에 대한 관심도 높아지고 있으므로, 앞으로 우리나라 인류학자들도 좋은 연구 성과를 보여 줄 것으로 기대돼요.

이 나라에 가려면 어떤 준비를 해야 하나요

여러 나라의 사회와 문화를 소개하는 책을 많이 읽어야 해요. 촌락과 도시, 어른과 아이, 남자와 여자 등의 차이를 조사해 보는 것도 좋은 공부가 된답니다. 대학에서 인류학을 공부하면 유리해요.

도움이 되는 공부 : 사회, 영어, 과학, 인류학

좀 더 알아보아요

문화 인류학(Cultural Anthropology)이란?

인류학은 크게 문화 인류학과 생물 인류학의 두 가지로 구분되거나 문화 인류학, 생물 인류학, 고고학의 세 가지로 구분돼요. 이 가운데 문화 인류학은 문화의 전통과 발달 과정을 비교 연구해서 인류의 본질과 역사를 밝히려고 하는 학문이에요.

이러한 문화 인류학은 국가와 학파에 따라서 다르게 불리기도 하는데, 미국에서는 문화 인류학으로, 영국에서는 사회 인류학으로, 프랑스에서는 민족학으로 불려요.

이 나라 사람을 만나 보세요

강정원 (서울대 인류학과 교수)

Q. 인류학자라는 직업의 매력과 장점은 무엇인가요?

인류학자는 세계 여러 곳을 다니며 그곳에 사는 사람들의 삶과 문화를 연구하는 직업입니다. 연구를 위해 다양한 경험을 할 수 있다는 장점이 있지요. 사람들은 남의 문화를 잘 알지 못하면서 편견을 가지고 대할 때가 많아요. 우리의 연구로 사람들의 편견을 깨뜨리고, 다른 문화를 존중할 수 있게 도와준다는 점에서 인류학자로서 긍지를 느낀답니다.

Q. 인류학자를 꿈꾸는 어린이들에게 한 말씀 해 주세요.

여러 분야에 상식을 가지도록 노력해 보세요. 나중에 인류학자가 되어 연구할 때 많은 도움을 줄 거예요. 또 몸과 마음이 튼튼해야 해요. 인류학자는 연구하고자 하는 지역에서 오랫동안 머물러야 하기 때문에 몸이 건강해야 연구를 잘해낼 수 있답니다. 또 그 지역 사람들과 좋은 관계를 맺으려면 마음도 건강해야 합니다.

핑거랜드

범인을 잡아라 지문 감식가
(Fingerprint Analyst)

어떤 나라인가요

손가락 끝마디 안쪽에 있는 살갗의 무늬를 지문이라고 하는데, 이 지문을 조사해서 누구의 지문인지 알아내는 사람을 지문 감식가라고 해요. 이곳은 바로 지문 감식가의 나라랍니다. 지문은 범인을 잡거나, 건물이나 자동차 문을 열 때, 서명이나 도장을 대신할 때 사용되지요.

이 나라에서는 무엇을 잘해야 하나요

지문 조사는 매우 조심스럽게 해야 해요. 조사가 잘못되면 엉뚱한 사람이 범인으로 몰릴 수 있기 때문이에요. 따라서 서두르지 말고 꼼꼼하게 조사해야 합니다.

이 나라는 앞으로 어떻게 발전할까요

지문은 사람마다 달라요. 그래서 범죄 현장에서 나온 지문은 범인을 잡는 데 많은 도움을 주지요. 미국 경찰에서는 지문 감식가를 따로 두고 범인을 잡는 데 지문을 활용하고 있어요. 최근에는 산업 현장에서도 지문 감식가가 활약하고 있답니다.

이 나라에 가려면 어떤 준비를 해야 하나요

지문 조사는 주로 컴퓨터로 이루어지기 때문에 컴퓨터를 능숙하게 다룰 수 있어야 해요. 대학에서 수학, 통계학, 컴퓨터 공학 등을 전문적으로 공부하면 유리하지요. 미국에서는 연방 수사국(FBI)에서 인정하는 지문 감식가 자격증을 따야 해요.

도움이 되는 공부 : 과학, 실과, 영어, 컴퓨터

> 지문이 사용되는 곳을 알고 싶어요

지문은 일생 동안 변하지 않는 특성이 있어요. 이러한 특성을 이용해서 개인을 식별하는 도구로 지문을 사용하는 경우가 많아요.

★ **출입문 통제**
그동안에는 출입을 통제하는 도구로 카드를 많이 사용했어요. 그런데 출입할 수 없는 사람도 카드를 손에 넣으면 출입할 수 있는 문제가 있었어요. 하지만 지문을 이용하면 반드시 본인만 출입을 할 수 있어서 출입 통제가 확실하답니다.

★ **출퇴근 관리**
출근과 퇴근을 할 때 출퇴근 관리기에 지문을 인식시켜서 본인을 확인하는 방식이 여러 기업에서 사용되고 있어요.

★ **전자 여권**
국제적으로 정해진 기준에 따라 성명, 여권 보호, 얼굴, 지문 등의 정보를 전자 칩에 저장한 여권이에요. 기존의 종이 여권은 위조되는 경우가 종종 있었는데, 전자 여권은 위조하기가 매우 어려워서 현재 여러 나라에서 채택하고 있어요. 전 세계적으로 약 40여 나라가 전자 여권을 도입했어요.

★ **지문 통장 거래**
그동안에는 도장을 이용해서 은행 통장에서 돈을 찾았어요. 요즘에는 도장 대신에 지문을 이용해서 통장을 거래하는 방식이 이용되고 있어요. 도장을 잃어버릴 위험이 없고 본인 확인이 분명해서 무척 유용하답니다.

★ **지문 인식 광마우스**
컴퓨터에서 사용하는 마우스에 지문을 인식할 수 있는 장치를 붙인 것이 지문 인식 광마우스예요. 컴퓨터를 사용할 때 본인을 확인하는 방법으로 사용되지요.

★ **지문 인식 핸드폰**
휴대폰 뒷면에서 지문을 인식하는 핸드폰이 개발되었어요. 반드시 본인만 휴대폰을 사용하려는 사람이라면 지문 인식 핸드폰이 필요할 것 같아요.

꼼꼼대륙  씩씩대륙

안드로메단

네 별, 내 별, 우리 별 천체 물리학자
(Astrophysicist)

어떤 나라인가요

별이 궁금한가요? 그러면 이 나라로 오세요. 천체 물리학자가 친절하게 가르쳐 줄 거예요. 우주 탄생의 기원을 밝히는 빅뱅 이론, 빛조차 빨아들인다는 블랙홀 이론, 은하의 구조 등은 천체 물리학자들이 연구한 결과로 알려진 것들이랍니다.

이 나라에서는 무엇을 잘해야 하나요

우주에 대한 호기심이 있어야 해요. 우주가 어떻게 만들어졌는지, 어떤 모양인지, 어떻게 변하고 있는지 등에 관심이 있어야 해요. 굉장히 어려운 학문이므로 공부하는 것을 즐길 수 있어야 해요.

이 나라는 앞으로 어떻게 발전할까요

우주에는 밝혀야 할 것들이 아직도 많아요. 그동안 수많은 이론들이 쏟아져 나왔지만, 아직은 확실하지 않은 가설일 뿐이거든요. 외국에 비하면 우리나라의 연구 성과는 아직 부족하지만, 언젠가는 뛰어난 천체 물리학자가 나타나 노벨 과학상을 탈 날이 올 거예요.

이 나라에 가려면 어떤 준비를 해야 하나요

우주에 대한 책이나 DVD 같은 영상 자료를 보며 천체 물리학자의 꿈을 키워 보세요. 천문대에 가서 하늘의 별을 관찰하고 관찰한 것을 기록하면 좋은 공부가 될 거예요. 천체 물리학자가 되려면 전문적인 수학 지식이 필요하므로 수학 공부를 열심히 해야 하고, 대학에서 천체물리학이나 천문학을 공부해야 하지요.

도움이 되는 공부 : 과학, 수학, 영어, 천문학

펀펀대륙

곰곰대륙

미리 가 볼 수 있어요

기관	홈페이지	소개
한국 천문 연구원	www.kasi.re.kr	천체를 관측하고 분석하는 곳이에요.
한국 천문학회	www.kas.org	천문학 연구를 위한 대한민국의 학술 단체예요.

이 나라 사람을 만나 보세요

서은숙 (미국, 메릴랜드대 천체 물리학과 교수)

Q. 천체 물리학자라는 직업의 매력과 장점은 무엇인가요?

천체 물리학자는 지루할 틈이 없는 직업이랍니다. 날마다 새로운 것을 배우고 연구하기 때문에 늘 새롭고 즐겁지요. 또 천체 물리학자가 되면 세상을 보는 시야가 넓어져요. 끝을 알 수 없을 정도로 넓은 우주를 연구하기 때문에 늘 큰 그림을 그리는 훈련을 할 수 있거든요.

Q. 천체 물리학자를 꿈꾸는 어린이들에게 한 말씀 해 주세요.

저는 천체 물리학자라는 직업이 너무나 재미있기 때문에 여러분에게 꼭 권하고 싶어요. 하지만 천체 물리학자가 되기 위해서는 많은 노력이 뒤따라야 한답니다. 공부를 열심히 해야 하고 집중력과 끈기도 길러야 해요. 앞으로 더 많은 어린이들이 천체 물리학에 관심을 가지고 도전하면 좋겠어요.

당당대륙

친친대륙

컴퓨터는 내 손 안에 컴퓨터 과학자
(Computer Scientist)

어떤 나라인가요

컴퓨터 박사가 되고 싶다면 이 나라를 방문해 보세요. 컴퓨터 과학자가 컴퓨터에 대한 궁금증을 풀어 줄 거예요. 컴퓨터 과학이란 컴퓨터 개발과 응용을 연구하는 학문으로, 컴퓨터 과학자는 컴퓨터의 하드웨어(컴퓨터 안에 들어 있는 기계 장치)와 소프트웨어(컴퓨터 프로그램)를 연구하지요.

이 나라에서는 무엇을 잘해야 하나요

컴퓨터에 대한 모든 것을 다루는 학문이기 때문에 컴퓨터에 관심이 많아야 해요. 수학을 바탕으로 한 기계이므로 수학 실력도 튼튼해야 하고요. 각종 프로그램을 개발해야 하므로 창의력과 추리력도 필요하고, 늘 새로운 것을 탐구하고 공부하는 자세도 필요해요.

이 나라는 앞으로 어떻게 발전할까요

컴퓨터 산업은 계속해서 발전하고 있어요. 각종 프로그램이 쏟아져 나오고 있으며, 컴퓨터를 쓰는 사람들도 점점 늘고 있지요. 이 모든 것들은 컴퓨터 과학자들이 끊임없이 연구하고 있기 때문이랍니다. 앞으로 컴퓨터 과학자들의 활약은 더욱 빛날 것으로 보여요.

이 나라에 가려면 어떤 준비를 해야 하나요

각종 컴퓨터 프로그램의 사용법을 익히고, 프로그램 언어를 배워서 간단한 프로그램을 짜 보는 것도 좋아요. 대학에서 컴퓨터 공학, 정보 통신 공학 등을 공부하면 유리해요.

도움이 되는 공부 : 실과, 수학, 영어, 컴퓨터

좀 더 알아보아요

컴퓨터 과학자가 일을 하는 데 중요한 지식 10가지

1. **컴퓨터와 전자** : 회로기판, 전자 칩, 컴퓨터 하드웨어와 소프트웨어 등에 관한 지식
2. **수학** : 수리, 대수학, 기하학, 미분과 적분, 통계 등에 관한 지식
3. **영어** : 어휘의 의미와 철자, 문법 등을 포함한 영어의 구조와 내용에 관한 지식
4. **교육과 훈련** : 교육 과정과 훈련 계획, 교육 방법, 교육 효과의 측정 등에 관한 지식
5. **전기 통신** : 송신, 접속, 통제, 작동 등 두 지점을 연결하는 시스템에 대한 지식
6. **설계** : 정밀하고도 기술적인 계획을 세우는 데 필요한 설계 기술, 도구, 원칙 등에 관한 지식
7. **행정과 관리** : 전략적 계획, 자원 할당, 인적 자원, 리더십, 생산 방식, 사람과 자원의 조정 등과 관련된 사업과 관리에 관한 지식
8. **공학과 기술** : 공학과 기술을 실제로 적용하는 것에 관한 지식
9. **고객 서비스** : 고객들에게 서비스를 제공하는 데 필요한 원칙과 과정에 대한 지식
10. **의사 소통과 미디어** : 언론 매체, 의사 소통, 정보 전달 기술에 대한 지식

컴퓨터 과학자가 일을 하는 데 중요한 능력 10가지

1. **적극적 학습** : 문제를 해결하고 의사 결정을 하는 데 필요한 새로운 지식의 이해
2. **독해력** : 일과 관련된 문서의 문장과 문단의 이해
3. **복잡한 문제 해결** : 복잡한 문제를 인식하고 관련된 정보를 조사해서 해결책을 마련
4. **비판적 사고** : 문제에 접근할 때 강점과 약점을 확인하는 논리와 추리의 사용
5. **적극적 청취** : 다른 사람의 이야기에 충분히 집중하고 핵심을 이해하며 적절한 질문을 함
6. **글 쓰기** : 고객의 필요에 맞게 효과적으로 글을 써서 의사 소통
7. **시스템 분석** : 조건이나 환경의 변화가 결과에 어떠한 변화를 가져오는지, 시스템이 어떻게 작동하는지 분석
8. **판단과 의사결정** : 가장 적절한 행동을 위해 여러 가지 행동의 비용과 이익을 고려
9. **동작 분석** : 필요성과 필요 요건을 분석해서 설계안을 마련
10. **조정** : 다른 사람의 행동과 관련해서 행위를 조정

〈출처: 미국 직업 정보 네트워크〉

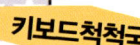 키보드척척국

시스템을 만드는 컴퓨터 시스템 분석가
(Computer System Analyst)

어떤 나라인가요

이곳은 컴퓨터 시스템 분석가의 나라예요. 컴퓨터 시스템 분석가는 회사나 학교, 병원, 정부의 컴퓨터 시스템을 분석해서 문제점을 찾고, 효과적이고 새로운 시스템을 만드는 사람을 말해요. 시스템의 용도, 성격을 파악해서 예상 비용과 기간, 필요한 하드웨어와 소프트웨어 등을 정해 새로운 시스템을 만들어 내지요.

이 나라에서는 무엇을 잘해야 하나요

좀 더 효율적인 시스템을 만들기 위해서는 새로운 아이디어가 필요해요. 또한 여러 사람이 함께 팀을 이루어서 일하는 경우가 많으므로, 다른 사람들과 의견을 잘 주고받을 수 있어야 해요.

이 나라는 앞으로 어떻게 발전할까요

미국에는 컴퓨터 시스템 분석가로 일하고 있는 사람이 50만 명이나 돼요. 우리나라에서도 업무를 효율적으로 하기 위해 컴퓨터 시스템을 만들고 관리하는 경우가 많아지고 있어요. 앞으로 더 많은 컴퓨터 시스템 분석가가 활동할 것으로 보여요.

이 나라에 가려면 어떤 준비를 해야 하나요

컴퓨터를 체계적으로 공부해야 해요. 여러 가지 프로그램을 배워서 사용해 보고 컴퓨터 언어를 배워서 간단한 프로그램을 짜 보는 것도 좋아요. 대학에서 컴퓨터 관련 공부를 하면 유리해요.

도움이 되는 공부 : 실과, 수학, 영어, 컴퓨터

펀펀대륙

곰곰대륙

이 나라 사람을 만나 보세요

정순구 (미국, 텍사스 주 Sumisho Computer Systems USA 시스템 분석가)

Q. 컴퓨터 시스템 분석가라는 직업의 매력과 장점은 무엇인가요?

시스템 분석가는 회사나 병원 등에 필요한 컴퓨터 시스템을 개발하고 관리하는 일을 하는 사람입니다. 미국 노동부에 따르면 컴퓨터 시스템 분석가의 평균 연봉은 7만 5천 불(한화 약 8천3백만 원) 가량 되며 앞으로 10년 간 약 20% 이상의 시스템 분석가가 더 필요할 것이라고 합니다. 수요가 많은 만큼 스스로의 노력과 열정에 따라 꿈을 이룰 수 있는 기회가 많은 직업이랍니다.

Q. 컴퓨터 시스템 분석가를 꿈꾸는 어린이들에게 한 말씀 해 주세요.

전 세계 기업이 필요로 하는 서비스 및 기술 가운데 하나가 컴퓨터 시스템 분석입니다. 대기업이나 다국적 기업일수록 복잡하고 다양한 상황들을 관리할 수 있는 시스템을 필요로 합니다. 컴퓨터를 좋아하고 팀을 이루어 문제를 해결하는 것을 좋아하는 친구라면, 꼭 도전해 보라고 권하고 싶습니다. 여러분이 만든 컴퓨터 시스템이 회사 발전에 도움이 된다고 상상해 보세요. 정말 뿌듯하겠지요?

당당대륙

친친대륙

 꼼꼼대륙
최고땅자니아

 씩씩대륙

땅의사 토양 보전 전문가
(Soil Conservationist)

어떤 나라인가요

비바람에 흙이 깎여 나가거나 사라지는 것을 막고 땅을 관리하는 사람을 토양 보전 전문가라고 해요. 이곳은 바로 토양 보전 전문가의 나라예요. 농사, 건축, 숲 가꾸기 등 각각의 용도에 맞게 땅을 만들고 관리하는 일을 하지요. 땅속에 적당한 양의 수분을 유지시키는 일도 해요.

이 나라에서는 무엇을 잘해야 하나요

자연을 사랑하고 야외에서 일하는 것을 좋아해야 해요. 여러 사람과 더불어 일하는 경우가 많으므로 다른 사람과 의견을 잘 주고받을 수 있어야 해요.

이 나라는 앞으로 어떻게 발전할까요

선진국에는 토양 과학이라는 학문 분야가 있어요. 땅에 관한 정보를 모으고, 땅의 화학적·생물학적 성분을 분석해서 땅을 잘 활용할 수 있는 방법을 연구하지요. 토양 보전 전문가도 토양 과학 분야에서 나온 직업으로 미국에서는 정부, 대학, 기업체에서 활동하고 있어요.

이 나라에 가려면 어떤 준비를 해야 하나요

평소 환경 문제에 관심을 가지고 끊임없이 공부해야 해요. 대학에서 농학이나 환경학을 공부하면 유리해요.

도움이 되는 공부 : 과학, 수학, 영어, 환경

좀 더 알아보아요

토양이 사라지는 것이 환경에 미치는 영향

2.5cm 두께 정도의 토양이 없어지면 농업 생산량이 10% 정도 감소해요. 전 세계적으로 경작지의 3분의 1 정도에서 토양 유실 때문에 생산력이 계속 감소하고 있지요.

국제 연합(UN) 보고서에 따르면 해마다 6만km^2의 토양이 사막화되고 있는데, 최근 들어 사막화가 한층 더 빠른 속도로 일어나고 있다고 해요. 그래서 국제 연합 등 국제 기관에서는 토양을 지키기 위해 사막화를 막는 사업을 벌이고 있답니다.

이 나라 사람을 만나 보세요

황상일 (통합 환경 연구 본부 박사)

Q. 토양 보전 전문가라는 직업의 매력과 장점은 무엇인가요?

토양은 생태계의 기반입니다. 땅에서 나는 식물을 먹는 것으로 생태계가 시작되기 때문이지요. 토양 보전 전문가는 이러한 생태계를 돌본다는 자부심을 가지고 있습니다. 또한 토양을 보전하는 데 도움이 되는 환경 정책을 연구하고 세움으로써 국민들에게 오염되지 않은 토양을 돌려준다는 데 보람을 느끼기도 하지요.

Q. 토양 보전 전문가를 꿈꾸는 어린이들에게 한 말씀 해 주세요.

책을 많이 읽으라고 권하고 싶어요. 우선 생태계를 이해할 수 있고, 토양에 관한 지식을 쌓을 수 있는 과학 서적을 많이 읽으면 좋겠네요. 역사나 지리 등 다양한 분야의 책을 읽는 것도 중요해요. 과학자는 보통 가치 중립적(어느 편도 들지 않는 것)이 되어야 한다고 말하지만, 일을 하다 보면 어느 한 쪽 편을 들어야 할 때가 있지요. 그럴 때 평소에 읽은 책들이 올바르고 현명한 판단을 내릴 수 있도록 도와준답니다.

꼼꼼대륙
바다속보물스탄

 씩씩대륙

바다를 누비는 해양학자
(Oceanographer)

어떤 나라인가요

바다가 궁금하다면 이 나라로 오세요. 해양학자가 뭐든지 가르쳐 줄 테니까요. 해양학자는 해류의 흐름과 바닷물의 움직임, 물고기와 해조류 같은 바다 생물과 바다 속의 광물 자원 등 다양한 방면에 대해 연구한답니다.

이 나라에서는 무엇을 잘해야 하나요

바다는 온갖 진기한 것이 숨어 있는 보물 상자랍니다. 하지만 넓은 바다 속에서 새로운 지식을 찾는 일은 몹시 힘든 일입니다. 새로운 길을 찾겠다는 굳은 의지가 있어야 하지요. 또 바다를 사랑하는 마음도 있어야 한답니다.

이 나라는 앞으로 어떻게 발전할까요

바다는 자원의 보물 창고로 불릴 만큼 수많은 자원을 품고 있습니다. 하지만 알려진 것보다 알아내야 할 것이 더 많은 신비의 세계이지요. 특히 삼면이 바다로 둘러싸여 있는 우리나라에서 해양학자의 역할은 앞으로 더욱 커질 것으로 기대됩니다.

이 나라에 가려면 어떤 준비를 해야 하나요

해양학의 기본이 되는 학문은 생물, 화학, 지질 등 과학이에요. 그러니 평소에 과학 공부를 열심히 해야겠지요? 해양학자가 되려면 대학에서 해양학을 공부해야 해요.

도움이 되는 공부 : 과학, 수학, 영어, 해양학

편편대륙

곰곰대륙

이 나라 사람을 만나 보세요

박원선 (독일, 라이브니츠 해양 연구소 박사)

Q. 해양학자라는 직업의 매력과 장점은 무엇인가요?

해양학은 '종합 선물 세트'처럼 여러 가지 학문이 합쳐져 이루어진 학문입니다. 바다에서 일어나는 현상을 이해하기 위해서는 수학, 물리학, 화학, 생물학, 지질학 등 다양한 학문 분야를 알아야 해요. 그렇기 때문에 어려울 수도 있지만 다양한 학문의 세계를 탐험할 수 있다는 장점이 있습니다.

또 넓은 대양에 나가서 관측을 하기도 하고, 연구실에서 실험을 하기도 하고, 슈퍼 컴퓨터로 바다의 현상을 계산하기도 하는데, 대부분 국제적으로 협력해서 해야 하는 일이므로 여러 나라의 학자들과 만날 수 있다는 점도 매력적이지요.

Q. 해양학자를 꿈꾸는 어린이들에게 한 말씀 해 주세요.

바다는 수수께끼를 가득 담은 신비한 곳입니다. 여러분이 해양학자로 활동하게 될 10년이나 20년 뒤에는 지금보다 더 재미있는 주제로 바다를 연구하게 될 것입니다. 바다는 우리에게 끝없이 질문을 던질 테니까요.

해양학자가 되기 위해서는 수학, 물리학, 화학, 생물학, 지질학 등의 관련 과목을 열심히 공부해야 합니다. 지금부터 차근차근 공부해 보세요.

당당대륙

친친대륙

꼼꼼대륙 씩씩대륙

병잡는첩보국

첨단 기술로 치료하는 핵의학 기사
(Nuclear Medicine Technologist)

어떤 나라인가요

환자 몸에 방사성 물질을 집어넣어 몸에 이상이 있는지 검사하고 치료하는 사람을 핵의학 기사라고 해요. 몸에 이상이 있는 부분에서 방사능 양이 더 적거나 많이 나타나는 현상을 이용하는 것이지요. 이곳은 바로 핵의학 기사의 나라랍니다.

이 나라에서는 무엇을 잘해야 하나요

검사와 치료에 쓰이는 방사성 물질은 안전한 편이지만, 잘못 다루면 큰 사고로 이어질 수 있어요. 때문에 늘 조심해야 하고, 전용 장갑과 주사기 등을 써서 방사선이 몸에 닿지 않도록 주의해야 해요. 또 방사선 장비를 다룰 수 있는 전문 기술도 필요하답니다.

이 나라는 앞으로 어떻게 발전할까요

미국에서는 1만 8천 명이 넘는 핵의학 기사가 종합 병원과 개인 병원 등에서 일하고 있어요. 우리나라에서도 종합 병원의 핵의학과에서 많은 핵의학 기사가 핵의학 검사와 치료를 하고 있답니다. 핵의학 기술은 고통이 적고 효과가 뛰어나기 때문에 앞으로 핵의학 치료를 받는 사람들의 수는 더욱 늘어날 것으로 보여요.

이 나라에 가려면 어떤 준비를 해야 하나요

우리나라에서 핵의학 기사로 활동하려면 전문 대학 이상의 학교에서 핵의학에 대해 전문적으로 공부해야 해요. 미국에서는 종합 병원 등에서 교육을 받고 면허를 따면 핵의학 기사로 활동할 수 있어요.

도움이 되는 공부 : 과학, 수학, 실과, 화학

좀 더 알아보아요

핵의학 검사의 장점
Q : 핵의학 검사가 다른 검사에 비해 좋은 점은 무엇인가요?
A : 검사가 어려운 부위나 치료를 위한 확인이 필요한 경우에 안전하고 편안하게 검사할 수 있어요.

이 나라 사람을 만나 보세요
석재동 (삼성 서울 병원 핵의학과 실장)

Q. 핵의학 기사라는 직업의 매력과 장점은 무엇인가요?

핵의학 기사는 몸에 해를 주지 않는 방사성 물질을 사람 몸에 넣어 검사하거나 치료하는 사람입니다. 열심히 일하다 보면 암 환자들이 완쾌되는 경우를 종종 보게 되는데 그때 느끼는 기쁨은 이루 말할 수 없답니다.

Q. 핵의학 기사를 꿈꾸는 어린이들에게 한 말씀 해 주세요.

어떤 치료 방법에도 한계는 있어요. 좋은 치료법이라고 해서 모든 병을 고칠 수 있는 것은 아니니까요. 핵의학 치료도 마찬가지예요. 핵의학 기사를 꿈꾸고 있다면 방사성 물질뿐만 아니라 다른 물질을 합성해서 우리 몸에 있는 모든 암을 치료하겠다는 꿈을 가지세요. 그리고 환자들을 아끼고 배려하는 핵의학 기사가 되면 좋겠어요.

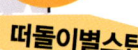 떠돌이별스탄

행성의 비밀을 벗기는 행성 과학자
(Planetary Scientist)

어떤 나라인가요

우주에는 수많은 별과 행성, 위성 등이 있어요. 이 가운데 중심이 되는 별 주위를 도는 천체를 행성이라고 하는데, 이들을 연구하는 사람을 행성 과학자라고 해요. 행성의 역사와 변화 과정, 행성을 이루는 물질, 행성에서 나타나는 자연 현상 등을 연구하지요. 행성 과학자의 나라에 오신 것을 환영해요!

이 나라에서는 무엇을 잘해야 하나요

행성을 연구하는 것은 외롭고 힘든 일이랍니다. 목표를 정하면 참을성 있게 끝까지 해내는 자세가 필요해요. 또한 행성의 역사와 운동에 관한 자료를 이해하고 연구하려면 수학과 컴퓨터를 잘해야 해요.

이 나라는 앞으로 어떻게 발전할까요

행성 과학자들의 노력으로 태양계에 있는 여덟 개 행성의 비밀이 하나씩 풀리고 있어요. 앞으로 더 많은 것들을 행성 과학자들이 밝혀낼 것으로 보여요.

이 나라에 가려면 어떤 준비를 해야 하나요

우주에 관한 지식이 필요해요. 인터넷이나 책에서 우주에 관해 알아보고 정리해 보면 좋아요. 천체 망원경을 이용해서 별을 관찰하고 기록하면 좋은 공부가 된답니다. 대학에서 천문학을 공부해야 해요.

도움이 되는 공부 : 과학, 수학, 영어, 천문학

좀 더 알아보아요

2006 IAU(International Astronomical Union) 결의안

▶ **행성의 정의**
태양 주위를 공전하며, 자체 중력이 거의 둥근 모양을 가질 정도로 충분한 질량을 가지며, 그 공전 궤도 주변의 물질을 휩쓸어 없애 버린 천체

▶ **왜소 행성** (행성이 아니게 되어 버린 명왕성의 정의를 내리기 위해 만든 개념)
태양 주위를 공전하며, 자체 중력이 거의 둥근 모양을 가질 정도로 충분한 질량을 가지며, 그 공전 궤도 주변의 물질을 깨끗이 청소하지 않았고, 위성이 아닌 천체

이 나라 사람을 만나 보세요

문홍규 (한국 천문 연구원 선임 연구원)

Q. 행성 과학자라는 직업의 매력과 장점은 무엇인가요?

행성 과학은 천문학의 다른 어느 분야보다도 우리 일상생활과 밀접한 관련이 있습니다. 가까운 미래에는 소행성이나 달, 화성 등에 기지를 만들어 태양계를 개척하고 활용하는 것이 실제로 가능해질 거예요. 그곳에서 지구에는 없거나 사라져 가는 희귀 광물과 자원을 얻을 수도 있고, 달이나 혜성에 있는 물과 기체를 우주 기지에서 활용할 수 있게 될 겁니다. 이렇게 새로운 미래를 여는 일을 한다는 데 자부심을 느낍니다.

Q. 행성 과학자를 꿈꾸는 어린이들에게 한 말씀 해 주세요.

요즘 어린이들은 공부와 학원에 매여 정말 중요한 것을 놓치는 경우가 많은 것 같아요. 공부도 중요하지만 자기가 무엇을 하고 싶은지 생각해 보고, 그 꿈을 향해 나아갈 수 있으면 좋겠어요.

꼼꼼대륙 / 씩씩대륙

내핏줄스탄

조상님을 찾아 주는 혈통 전문가 (Genealogist)

어떤 나라인가요

내 조상이 누구인지 알고 싶다면 이 나라를 방문해 보세요. 혈통 전문가가 조상님을 찾아 줄 거예요. 혈통 전문가는 혈통에 관해 전문적으로 연구하는 사람을 말한답니다.

이 나라에서는 무엇을 잘해야 하나요

수많은 자료를 검토해야 하므로 참을성과 끈기가 필요해요. 필요한 자료만 뽑아 내려면 전문 지식도 필요하고요. 선조들이 남긴 문서와 유물을 소중히 여기는 마음도 필요하답니다.

이 나라는 앞으로 어떻게 발전할까요

미국처럼 다양한 이민자들이 모여 있는 나라에서는 이민 기록, 출판물, 교회나 지역 사회 등을 종합적으로 분석해서 조상을 찾아 주는 회사들이 있어요. 우리나라에는 집안의 혈통 관계를 기록한 족보가 있어서 조상과 핏줄에 대해 자세히 알 수 있지요. 하지만 이런 자랑스러운 유산인 족보에 대한 연구는 아직 부족한 상황이에요. 앞으로 혈통 전문가들이 족보에 관한 연구를 꽃피울 것으로 기대돼요.

이 나라에 가려면 어떤 준비를 해야 하나요

족보를 연구하려면 한자 공부가 꼭 필요하답니다. 옛날 책이 대부분 그렇듯 족보도 한자로 씌어 있기 때문이에요. 내 혈통이 어떻게 되는지 부모님께 여쭈어 보고 족보도 살펴보세요. 대학에서 역사학을 공부하면 유리해요.

도움이 되는 공부 : 국어, 사회, 역사, 생물

편편대륙

미리 가 볼 수 있어요

기관	홈페이지	소개
한국 족보 편찬 위원회	www.allkorean.co.kr	족보의 유래 및 상식, 종류 등 각종 정보들을 알 수 있어요.
부천 족보 도서관	www.jokbo.re.kr	소장 족보 검색 및 족보 관련 상식, 관혼 상례 정보 등을 알 수 있어요.

이 나라 사람을 만나 보세요

김진우 (한국 성씨 연구소)

Q. 혈통 전문가라는 직업의 매력과 장점은 무엇인가요?

과학 기술의 발달로 우리는 다양한 정보를 접하게 되었고 많은 지식을 쌓게 되었어요. 하지만 나의 조상이 누구인지, 내가 어디로부터 왔는지에 대한 것은 알지 못하는 경우가 많지요. 사람들에게 자신들의 뿌리를 알게 해 줌으로써, 조상의 지혜를 알려 주고 진정한 역사를 알게 해 준다는 데 혈통 전문가로서 자부심과 보람을 느낀답니다.

Q. 혈통 전문가를 꿈꾸는 어린이들에게 한 말씀 해 주세요.

조상 대대로 내려온 가르침과 지혜는 가정에서부터 시작되어야 합니다. 먼저 부모님의 말씀을 잘 듣고, 남을 배려할 줄 아는 어린이가 되라고 부탁하고 싶어요. 그것이 진정으로 나와 남을 사랑할 수 있고 나의 뿌리를 찾아갈 수 있는 첫걸음이랍니다.

꼼꼼대륙 / 씩씩대륙

맑은물만드리아

환경 지킴이 환경 공학 엔지니어
(Environmental Engineer)

어떤 나라인가요

환경이 걱정된다면 이 나라를 방문하세요. 환경 공학 엔지니어가 도와줄 거예요. 환경 공학 엔지니어는 공장 폐수나 배기 가스 등의 오염 물질을 안전하게 처리하는 방법이나, 재활용품이나 음식물 쓰레기를 효과적으로 이용하는 방법 등 다양한 방법으로 환경 문제를 해결하기 위해 애쓰고 있답니다.

이 나라에서는 무엇을 잘해야 하나요

먼저 환경을 소중히 여기는 마음이 필요해요. 또한 생물학이나 화학 같은 과학적 방식으로 문제를 해결해야 하므로 전문 과학 지식이 필요해요.

이 나라는 앞으로 어떻게 발전할까요

환경 파괴로 생기는 홍수, 지진, 해일 등의 자연 재해가 전 세계적으로 점점 더 많이 일어나고 있어요. 때문에 세계 여러 나라 지도자들이 모여 환경 오염을 막는 방법에 대해 이야기하고 구체적인 해결 방법을 고민하는 회의가 열리기도 하지요. 경제를 발전시키면서 환경도 보호해야 하는 요즘 시대에 환경 공학 엔지니어들의 역할은 점점 더 커질 것으로 기대돼요.

이 나라에 가려면 어떤 준비를 해야 하나요

환경 문제의 심각성을 알리는 책을 읽고, 환경 오염으로 생기는 문제점과 자연의 소중함에 대해서 깨달아야 해요. 대학에서는 환경 공학이나 토목학, 화학, 생물학 등을 공부해야 하고, 환경 공학 기술사 시험을 통과하면 일하는 데 유리해요.

도움이 되는 공부 : 수학, 과학, 실과, 환경

좀 더 알아보아요

환경 공학이란?

대기·수질·폐기물·토양·해양 등의 오염 예방과 소음 및 진동 공해 방지 등의 환경 문제를 해결하기 위해 학문적 연구를 하는 분야예요. 넓은 의미로는 자연 환경의 보전을 위한 것이고, 좁은 의미로는 생산 활동에 뒤따르는 공해나 재해 방지 대책을 세우는 것이지요.

이 나라 사람을 만나 보세요

김재우 (우경건설(주) 전무 / 경원대 환경 과학과 교수)

Q. 환경 공학 엔지니어라는 직업의 매력과 장점은 무엇인가요?

환경 공학 엔지니어는 다양한 분야에서 활동하고 있어요. 이미 오염된 환경을 원래 상태로 되돌리기 위해 애쓰고, 환경 오염이 생기지 않도록 예방하기 위해 노력하고 있답니다. 환경 오염이 발생하지 않는 물건을 개발하기 위해 연구하기도 하구요. 환경을 오염시키지 않는 에너지 개발과 오염 물질을 에너지로 이용하는 방법을 연구하는 등 앞장서서 지구 환경을 지킨다는 데 자부심을 느낀답니다.

Q. 환경 공학 엔지니어를 꿈꾸는 어린이들에게 한 말씀 해 주세요.

얼마 전까지만 해도 사람들은 경제 발전을 위해 자연을 마구 파괴하고, 환경을 오염시켰어요. 그 결과 지구 곳곳이 몸살을 앓고 있지요. 사람들은 이제까지의 개발 방법이 잘못되었음을 깨닫고 환경 문제에 관심을 기울이고 있어요. 앞으로는 산업을 발전시키면서도 환경을 생각하는 시대가 올 거예요. 어린이 여러분도 환경 문제에 관심을 가지고 환경 오염을 막기 위한 작은 실천을 해 보기 바랍니다.

다음 여행을 떠나기 전에 잠시 쉬어 가요!

가장 마음에 들었던 직업은 무엇인가요?

무엇을 보았나요?

무엇을 느꼈나요?

| 편편대륙 | 곰곰대륙 |

인터넷 검색이나 관련 홈페이지를 방문하여 가장 마음에 들었던 직업에 대해 좀 더 알아보아요. 알게 된 내용은 정리해 두면 더 좋겠지요.

더 알게 된 내용을 적어 보세요.

다음 여행지는 20개 나라가 있는 당당대륙이야.

당당대륙

오, 그래. 너무너무 기대되는데.

친친대륙

강인함으로 승부하는 현실의 세계
당당대륙

당당대륙에서 우리가 여행할 곳은 모두 20개 나라예요.
말이 적으나 솔직하고 직선적인 이 나라 사람들은
성실하고 검소한 생활을 좋아한답니다.

★ 검안사 (Optometrist)
★ 기계 공학 엔지니어 (Mechanical Engineer)
★ 네트워크 관리자 (Network Administrator)
★ 동물 기술자 (Animal Technician)
★ 동물 핸들러 (Animal Handler)
★ 배관공 장인 (Master Plumber)
★ 브루 마스터 (Brew Master)
★ 새 조련사 (Bird Handler)
★ 심전도 기사 (Electrocardiograph Technician)

펀펀대륙

- ★ 아쿠아리스트 (Aquarist)
- ★ 항공 우주 엔지니어 (Aerospace Engineer)
- ★ 선수 트레이너 (Athletic Trainer)
- ★ 의료 장비 기사 (Medical Appliance Technician)
- ★ 이색 동물 조련사 (Exotic Animal Trainer)
- ★ 작업 치료사 (Occupational Therapist)
- ★ 잠수사 (Diver)
- ★ 전자공학 엔지니어 (Electronics Engineer)
- ★ 지도 제작 전문가 (Cartographer)
- ★ 피아노 조율사 (Piano Tuner)
- ★ 항공기 정비원 (Aircraft Mechanic)

눈 조사관 검안사
(Optometrist)

어떤 나라인가요

눈이 잘 보이지 않으면 안경을 쓰지요? 그런데 요즘에는 병원에 가지 않고도 안경점에서 시력을 재고 안경을 맞출 수 있어요. 이때 시력 검사를 해서 눈에 맞는 안경과 콘택트렌즈를 맞추어 주는 사람을 안경사라고 해요. 외국에서는 시력을 잴 뿐만 아니라, 눈병을 진단해 주고, 안과 수술을 돕는 사람이 있는데, 이를 검안사라고 해요. 이곳은 바로 검안사의 나라랍니다.

이 나라에서는 무엇을 잘해야 하나요

눈에 어떤 문제가 있는지 정확히 살필 수 있는 세심함이 필요해요. 시력을 재기 위해 여러 가지 기계를 사용하기 때문에 관련 기계를 잘 다룰 수 있어야 해요.

이 나라는 앞으로 어떻게 발전할까요

우리나라에는 시력을 재서 안경이나 콘택트렌즈를 맞추어 주는 안경사 제도가 있어요. 그러나 미국을 포함한 여러 선진국에서는 검안사가 시력 검사와 눈병 검사를 전문적으로 하고 있답니다. 앞으로는 우리나라에도 검안사 제도가 들어올 것으로 보여요.

이 나라에 가려면 어떤 준비를 해야 하나요

안경사가 되려면 전문대학이나 대학교의 안경학과를 나와야 해요. 미국에서는 검안 학교를 다녀야 하고, 검안사 면허를 따거나 시험에 합격해야 검안사가 될 수 있어요. 검안사가 되려면 물리, 화학, 광학 등에 관한 전문적인 지식이 있어야 해요. 앞으로 우리나라에 검안사 제도가 생기면 대학에서 이런 공부를 전문적으로 하게 될 거예요.

도움이 되는 공부 : 과학, 영어, 수학, 광학

좀 더 알아보아요

미국의 안경은 매우 비싸다?

미국의 안경이 비싼 이유를 알고 싶다면 먼저 검안사에 대해 알아보아야 해요. 미국에서 검안사(optometrist)는 눈 의사(eye doctor)로 불리는데요. 미국에서 검안사가 되려면 일반 대학을 3년 다닌 뒤 검안 학교(school of optometry)를 4년 동안 다녀야 졸업한 뒤 안경점이나 안과 등에서 일할 수 있답니다. 오랜 시간 동안 공부한 사람들이 검안을 하니까 시력 검사비나 안경 값 등이 당연히 우리나라보다 비싸겠지요?

이 나라 사람을 만나 보세요

남수진 (호주, 시드니 urban eyewear 검안사)

Q. 검안사라는 직업의 매력과 장점은 무엇인가요?

시력이 나쁘거나 눈에 병이 생겨서 어려움을 겪는 사람들을 도와줄 수 있다는 것이 이 직업의 가장 큰 장점이에요. 검안사는 의료 활동과 관련된 직업이지만, 패션과 관련된 직업이기도 해요. 멋진 안경을 쓰면 더 예뻐 보이잖아요. 또 능력이 된다면 안경 가게를 차릴 수도 있어요.

Q. 검안사를 꿈꾸는 어린이들에게 한 말씀 해 주세요.

저는 호주에서 검안사로 일하고 있어요. 호주 정부는 모든 사람들이 2년마다 눈 검사를 받도록 비용을 대고 있지요. 호주에는 검안사 학위를 딸 수 있는 대학이 세 군데밖에 없고 모든 과정을 마치는 데는 5년이나 걸린답니다. 검안사는 사람들의 눈이 건강한지 검사하고, 결막염이나 녹내장 같은 눈 질환이 있을 때 약물을 처방할 수도 있어요. 여러모로 즐거운 직업이랍니다.

기계는 내 손 안에 기계 공학 엔지니어
(Mechanical Engineer)

어떤 나라인가요

공장에서 물건을 만들거나 건물을 지을 때, 농사를 지을 때 모두 기계가 필요해요. 이곳은 이러한 기계를 연구하고 새로운 기계를 만드는 기계 공학 엔지니어의 나라랍니다.

이 나라에서는 무엇을 잘해야 하나요

새로운 것에 대한 호기심이 있어야 해요. 복잡한 기계를 만드는 일이므로 논리적으로 생각할 수 있어야 하고요. 기계와 도구를 다루는 것을 즐겨야 하고, 다른 사람들과 함께 일을 하는 경우가 많으므로 협동 정신이 있어야 해요.

이 나라는 앞으로 어떻게 발전할까요

기계는 우리 생활 곳곳에서 쓰이고 있어요. 공장에서는 기계로 물건을 만들고, 집에서는 기계를 이용해서 편리한 생활을 하지요. 따라서 편리하고 성능 좋은 기계를 만들려는 사람들의 노력은 계속될 거예요. 앞으로 기계 공학 엔지니어의 더 많은 활약이 기대돼요.

이 나라에 가려면 어떤 준비를 해야 하나요

기계의 움직임을 잘 관찰하고, 어떻게 움직이는지 그 원리를 알아보세요. 쓰지 않는 시계나 라디오 같은 물건을 분해해 보고, 다시 조립해 보는 것도 좋아요. 기계를 만드는 일은 과학과 수학이 바탕이 되기 때문에 과학과 수학 공부를 체계적으로 해야 한답니다. 대학에서 기계 공학, 자동차 공학 등을 공부하면 유리해요.

도움이 되는 공부 : 실과, 과학, 수학, 영어

좀 더 알아보아요

연료 전지란?

연료 전지는 연료를 산화시켜서 생기는 화학 에너지를 열로 바꾸지 않고 직접 전기 에너지로 바꾸는 전지예요. 우리나라의 현대 자동차에서 개발한 100kW급 연료 전지 '스택'은 세계 최고의 운전 효율로 높이 평가받았어요. 스택을 장착한 자동차로 북미 대륙을 건너는 데 성공했거든요. 한 번 충전하면 637km까지 운행할 수 있다고 하니 정말 놀랍지요.

이 나라 사람을 만나 보세요

안병기 (현대 자동차 연료 전지 개발 팀)

Q. 기계 공학 엔지니어라는 직업의 매력과 장점은 무엇인가요?

기계 공학은 크게 고체, 운동, 열, 유체를 다루는 네 분야로 구성되어 있습니다. 기계 공학은 우리 머릿속으로 상상하는 물건이나 장치, 기계를 만드는 데 꼭 필요한 기술이지요. 아주 작은 장난감부터 로봇, 크게는 로켓과 대형 선박에 이르기까지 기계 공학은 우리 주위의 많은 물건들에 사용되고 있어요.

이렇게 다양한 분야에 사용될 수 있는 학문이라는 데 기계 공학의 매력이 있습니다. 또한 전자 공학, 화학 공학과 같은 다른 분야의 설비나 조립 기계 등을 만드는 데에도 기계 공학이 꼭 필요하므로 폭넓은 분야에서 일할 수 있다는 장점도 있습니다.

Q. 기계 공학 엔지니어를 꿈꾸는 어린이들에게 한 말씀 해 주세요.

우리나라가 힘 있는 나라가 되려면 세계를 앞서 가는 기술이 필요합니다. 수많은 기술 가운데에서도 기계 공학은 가장 기초가 되면서도 첨단 기술을 다루는 중요한 분야이므로, 관심 있는 어린이라면 꼭 도전해 보세요!

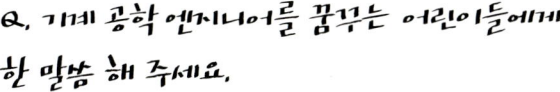

컴퓨터의 길을 관리하는 네트워크 관리자
(Network Administrator)

어떤 나라인가요

컴퓨터에서 정보를 주고받는 길을 네트워크라고 해요. 이곳은 회사나 공공 기관의 네트워크를 만들고 효과적으로 관리하는 네트워크 관리자의 나라랍니다. 네트워크 관리자는 해커의 공격과 같은 바깥의 침입으로부터 네트워크를 지키는 일도 해요.

이 나라에서는 무엇을 잘해야 하나요

컴퓨터와 네트워크에 대해 깊이 있는 지식을 쌓아야 해요. 컴퓨터가 작동되는 원리에서부터 네트워크를 효과적으로 관리하는 방법까지 다양하게 알아야 하지요. 여럿이 함께 일하는 경우가 많으므로, 다른 사람의 의견을 존중할 줄 알아야 해요.

이 나라는 앞으로 어떻게 발전할까요

인터넷을 사용하는 사람이 늘어나면서 컴퓨터 네트워크 시장은 점점 커지고 있어요. 구청 같은 공공 기관이나 규모가 큰 회사에서는 수백, 수천 대의 컴퓨터를 사용하므로 네트워크에 문제가 생기면 일을 할 수 없어요. 네트워크 관리자는 이런 곳의 네트워크를 관리해서 효과적으로 일할 수 있도록 도와줘요. 앞으로 네트워크 관리자의 일은 계속 늘어날 것으로 보여요.

이 나라에 가려면 어떤 준비를 해야 하나요

컴퓨터에 관해 체계적으로 배워야 해요. 여러 가지 컴퓨터 프로그램을 활용하는 것은 물론이고 간단한 프로그램은 직접 만들 줄 알아야 한답니다. 대학에서 컴퓨터 관련 학과를 공부하면 유리해요.

도움이 되는 공부 : 실과, 수학, 영어, 컴퓨터

좀 더 알아보아요

한세 사이버 보안 고등학교

인터넷 이용이 점차 늘어나면서 인터넷 해킹 사고와 같은 여러 가지 범죄가 증가하고 있어요. 현실의 범죄는 경찰관이 해결해 주지만, 사이버상의 범죄는 어떻게 예방하고 처리할 수 있을까요? 이미 우리나라 정부에서는 사이버 보안관 3천 명을 양성하기 위한 계획을 발표한 바 있구요. 이런 흐름 속에서 주목받고 있는 학교가 바로 '한세 사이버 보안 고등학교'랍니다. 이 학교의 목표는 컴퓨터 해킹 보안 전문가를 양성하는 거예요. 해킹 보안 전문가, 인터넷 보안 전문가, 네트워크 관리자, 리눅스 마스터, 정보 처리 기능사 등의 자격을 취득할 수 있답니다.

이 나라 사람을 만나 보세요
주민철 (아일랩)

Q. 네트워크 관리자라는 직업의 매력과 장점은 무엇인가요?

네트워크 관리자는 모든 서비스의 연결 고리 역할을 합니다. 내가 하는 일이 다른 서비스들을 원활하게 연결해 준다는 것이 이 직업의 매력이지요. 기계나 컴퓨터를 좋아하는 사람이 네트워크 관리자가 된다면 이 일이 훨씬 재미있게 느껴질 것입니다. 또한 네트워크 관리자는 다른 회사 사람들과 같이 일하는 경우가 많기 때문에 친구를 많이 사귈 수 있답니다.

Q. 네트워크 관리자를 꿈꾸는 어린이들에게 한 말씀 해 주세요.

주변의 모든 것에 호기심을 가지세요. 그리고 친구들과 팀을 이루어 작업하는 것을 즐기세요. 네트워크 관리자는 여러 사람과 함께 일하는 직업이라서 친구들과 사이 좋게 지낼 줄 알아야 한답니다.

꼼꼼대륙 / 씩씩대륙

흰쥐검은쥐다있소

실험 동물을 기르는 동물 기술자
(Animal Technician)

어떤 나라인가요

새로운 약을 만들거나 어떤 물질이 안전한지 검사할 때, 또 생명과 관련된 각종 실험을 할 때에는 사람 대신 균 없는 돼지나 실험용 흰 쥐 등을 이용해요. 이렇게 실험에 필요한 동물을 기르고 관리하는 사람인 동물 기술자의 나라에 오신 것을 환영합니다.

이 나라에서는 무엇을 잘해야 하나요

실험에 필요한 동물은 매우 까다롭게 길러야 해요. 먹이, 온도, 습도 등이 알맞은 상태에서 기른 동물로 실험해야 정확한 결과를 얻을 수 있기 때문이에요. 그래서 동물 기술자는 성격이 꼼꼼해야 한답니다. 동물에 대한 지식도 풍부해야 하지요. 또 과학자들이 원하는 동물을 길러내려면 그들의 이야기를 잘 듣고 정확히 이해할 수 있어야 해요.

이 나라는 앞으로 어떻게 발전할까요

생명 과학 분야는 점점 더 발달하고 있으므로 실험에 필요한 동물의 수도 더 많아질 거예요. 따라서 이들을 기르고 관리하는 동물 기술자도 지금보다 더 많이 필요할 거랍니다.

이 나라에 가려면 어떤 준비를 해야 하나요

좋아하는 동물을 골라 키우면서 그 과정을 자세히 기록하면 도움이 된답니다. 대학에서 수의학이나 생물학을 공부하면 유리해요.

도움이 되는 공부 : 과학, 수학, 국어, 생물학

미리 가 볼 수 있어요

기관	홈페이지	소개
한국 실험 동물 기술원	www.kalat.or.kr	국내 실험 동물 분야의 발전과 기술사의 실험 동물 관련 업무에 대한 정보를 볼 수 있어요.
한국 실험 동물 학회(KALAS)	www.kalas.or.kr	실험 동물 및 동물 실험에 관한 지식과 정보 등을 알 수 있어요.

이 나라 사람을 만나 보세요
임선택 (한국 안전성 시험부 기술원)

Q. 동물 기술자라는 직업의 매력과 장점은 무엇인가요?

독사과를 먹고 쓰러진 백설 공주 이야기를 아시나요? 만약 사과에 독이 있는지 없는지 먼저 실험을 해 보았더라면 위험에 처할 일은 없었을 거예요. 실험을 하면 눈에 보이지 않는 독도 발견해 낼 수 있으니까요. 동물 기술자는 이러한 실험들에 쓰기 위한 동물들의 상태와 품질을 유지하고 관리하는 역할을 한답니다. 토끼, 생쥐, 개, 원숭이, 기니피그 등 귀여운 여러 가지 동물들을 자주 만져 볼 수 있다는 점이 장점이랍니다.

Q. 동물 기술자를 꿈꾸는 어린이들에게 한 말씀 해 주세요.

동물 실험은 충분한 목적과 명분을 가지고 해야 해요. 단순히 재미나 고급 화장품 등을 만들기 위해 실험을 해서는 안되지요. 또한 실험 과정에서 동물의 고통을 최대한 줄일 수 있도록 배려하는 것도 잊지 말아야 해요.

꼼꼼대륙 씩씩대륙

 동물이좋아리아

동물들의 진정한 친구 동물 핸들러
(Animal Handler)

어떤 나라인가요

동물 핸들러의 나라에 오신 것을 환영합니다. 농장, 애견 훈련소, 동물 보호소, 실험실에서 쥐, 카나리아, 기니피그, 개, 원숭이 등을 돌보는 사람을 동물 핸들러라고 해요. 미국에서는 동물 핸들러라고 하면 동물을 키우는 사람, 훈련시키는 사람, 꾸며 주는 사람까지 모두 포함돼요.

이 나라에서는 무엇을 잘 해야 하나요

무엇보다도 자신이 돌보는 동물을 가족처럼 좋아해야 해요. 그리고 자신이 맡은 동물에게 항상 주의를 기울일 수 있어야 하고 책임감이 있어야 해요. 개가 우리 몸을 물 수도 있고, 말이 찰 수도 있어요. 그래서 항상 위험에 놓여 있죠. 위험한 상황에서는 자기 몸을 재빠르게 움직일 수 있어야 해요.

이 나라는 앞으로 어떻게 발전할까요

생활 수준이 높아지면서 동물에 대한 관심이 높아짐에 따라 애완동물을 기르는 사람이 최근 급격히 늘었어요. 애완동물이 늘면서 동물 훈련소, 동물 보호소의 일도 늘고 있으므로 앞으로 동물 핸들러도 더욱 늘어날 것으로 보여요.

이 나라에 가려면 어떤 준비를 해야 하나요

동물에 관한 책을 읽고 관련 공부를 해야 해요. 동물을 직접 기르며 관찰 일기를 적는 것도 좋은 경험이 되지요.

도움이 되는 공부 : 과학, 사회, 국어, 동물학

이 나라 사람을 만나 보세요
정재명 (동물 프로 핸들러)

Q. 동물 핸들러라는 직업의 매력과 장점은 무엇인가요?

외국에서는 도그쇼 같은 동물 대회가 많이 열리기 때문에 동물 핸들러는 국가 대표라고도 볼 수 있는데요. 제가 얼마 전에 외국 대회에서 상을 타자 많은 외국인들이 놀라워해서 우리나라 동물 핸들러로서 큰 자부심을 느꼈답니다. 앞으로 우리나라가 꾸준히 좋은 성과를 거둔다면 우리나라의 위상을 높이는 데 도움이 될 거예요.

Q. 동물 핸들러를 꿈꾸는 어린이들에게 한 말씀 해 주세요.

동물을 사랑하는 것은 기본이고, 동물을 배려하는 마음과 책임감이 필요합니다. 일어나는 시간, 밥 먹는 시간, 훈련하는 시간 등을 정확하게 지켜야 동물이 건강하게 자랄 수 있으므로, 시간 관리를 철저하게 하고 책임감 있게 동물을 관리해야 합니다. 또한 동물을 전반적으로 다루는 일인 만큼 다양한 지식과 경험이 필요합니다. 학교 공부를 충실히 하고 책도 많이 읽으세요. 아직 우리나라에는 핸들러 전문 학교가 없으므로, 애견 전문 학원에서 핸들러 과정을 공부하면 도움이 될 것입니다. 특히 핸들러는 외국에서 들어온 문화이기 때문에 외국 자료를 검토하려면 어느 정도의 외국어 실력도 필요하답니다.

꼼꼼대륙

파이프랑유

배관에 대한 모든 것 배관공 장인
(Master Plumber)

어떤 나라인가요

우리가 쓰는 수돗물은 강에서 처리장을 거쳐, 관을 통해 우리 집까지 전달돼요. 이렇게 물이나 가스, 원유를 다른 곳으로 보내기 위해서 관을 설치하는 사람을 배관공이라고 해요. 이곳은 바로 배관공의 나라랍니다. 배관공으로 여러 해 동안 일을 하고 실력을 인정받은 사람을 배관공 장인이라고 하지요. 수돗물을 보내는 상수관, 하수물을 보내는 하수관, 가스를 보내는 가스관 등도 모두 배관공들이 만든 거예요.

이 나라에서는 무엇을 잘해야 하나요

기계나 도구를 다루는 일을 좋아해야 해요. 물이나 가스관을 잘못 다루면 큰 사고가 일어나기 때문에 책임감이 강하고 성실해야 하지요. 또 쇠나 구리로 된 무거운 관을 다루므로 몸도 튼튼해야 한답니다.

이 나라는 앞으로 어떻게 발전할까요

건물을 지으려면 물과 가스, 전기, 통신선 등이 통과할 수 있도록 벽과 천장, 바닥에 수많은 관을 설치해야 해요. 앞으로도 새로운 건물과 새로운 도시가 수없이 지어질 텐데, 배관공들이 이런 멋진 세상을 만드는 데 도움을 줄 거랍니다.

이 나라에 가려면 어떤 준비를 해야 하나요

전문 고등학교나 대학에서 관련된 공부를 하면 유리해요. 또한 원유나 가스 같은 위험한 물질을 다루기 때문에 이런 것들의 성질을 공부해 두면 도움이 돼요.

도움이 되는 공부 : 과학, 실과, 수학, 공업

좀 더 알아보아요

슈퍼 마리오

인기 게임 〈슈퍼 마리오〉를 아시나요? 〈슈퍼 마리오〉에 나오는 마리오와 마리지 형제의 직업은 배관공이랍니다. 우리나라에서와는 달리 호주 등지에서 배관공 직업은 매우 인기가 많지요. 평균 20만 호주 달러(한화 2억2천만 원)의 연봉을 받는다니 엄청나지요?

이 나라 사람을 만나 보세요

안아론 (뉴질랜드, 안스 플러밍)

Q. 배관공 장인이라는 직업의 매력과 장점은 무엇인가요?

배관공 장인은 배관공 가운데에서도 가장 높은 단계로, 배관공들을 감독하고 관리하는 일을 합니다. 자신의 이름을 달고 다른 배관공들이 요청한 일을 검토해서 정부에 허가를 받아 주는 권한도 있지요. 배관을 다루는 일은 복잡하지만 배관을 디자인하고 기획하는 일이 매우 창조적이라서 만족감이 높지요.

우리나라의 배관공은 배관 설치 같은 단순한 일을 하지만, 외국의 배관공 장인은 다양한 일을 합니다. 배관 설비를 책임지는 역할을 하기 때문에 뉴질랜드, 캐나다 등지에서는 매우 인정받는 직업이랍니다.

Q. 배관공 장인을 꿈꾸는 어린이들에게 한 말씀 해 주세요.

배관공이 하는 일은 힘들고 지저분합니다. 하지만 배관공이 없다면 수도나 전기, 가스 같은 편리한 시설을 이용할 수 없지요. 이런 점에서 배관공이란 직업에 자부심을 가지고 열심히 노력한다면 훌륭한 배관공 장인이 될 수 있을 거예요.

호기심이 많은 친구, 물건을 고치고 조립하는 데 관심이 많은 친구, 손재주가 좋은 친구라면 배관공 장인에 도전하세요.

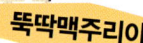 뚝딱맥주리아

맛있는 맥주를 위해 건배! 브루 마스터
(Brew Master)

어떤 나라인가요

보통 맥주는 커다란 공장에서 만들어요. 하지만 몇몇 가게에서는 커다란 맥주통에 직접 만들어 팔기도 한답니다. 이렇게 맥주를 만드는 사람을 브루 마스터라고 해요. 브루 마스터가 만든 맥주는 신선하고, 독특한 향과 맛이 있어서 매우 인기가 있답니다.

이 나라에서는 무엇을 잘해야 하나요

브루 마스터는 원료의 구입부터 맥주를 만들고 파는 모든 과정에 참여해요. 한 과정이라도 잘못되면 맥주가 상할 수도 있고, 맛없는 맥주가 만들어질 수도 있으니까요. 따라서 책임감이 강해야 하고, 성격도 꼼꼼해야 하고, 맥주 만드는 도구도 능숙하게 다룰 줄 알아야 해요.

이 나라는 앞으로 어떻게 발전할까요

우리나라에 브루 마스터가 등장한 지는 몇 년밖에 되지 않았어요. 브루 마스터가 만든 맥주는 값도 비싸고 맛도 달라서 처음에는 찾는 사람이 많지 않았지요. 하지만 요즘에는 찾는 사람이 점점 늘고 있답니다. 경제가 발전하고 생활에 여유가 생길수록 신선하고 독특한 맥주를 즐기는 사람은 점점 더 늘어날 거예요.

이 나라에 가려면 어떤 준비를 해야 하나요

우선 맥주의 원료는 무엇이고, 어떻게 만들어지는지 기본 지식을 익혀야 해요. 여러 가지 술을 만드는 방법 등 다양하게 공부하면 나만의 맥주를 만들 수 있을 거예요.

도움이 되는 공부 : 과학, 영어, 사회, 화학

좀 더 알아보아요

브루 마스터

브루 마스터는 술을 빚는다는 뜻의 단어인 브루(Brew)와 대가라는 의미를 가진 단어인 마스터(Master)가 합쳐진 단어예요. 맥주를 만드는 것에서 판매하는 것에 이르기까지 모든 과정을 책임지는 전문가를 가리키지요. 2002년 이후부터 직접 맥주를 만들어 파는 하우스 맥주 전문점이 나오면서 등장하게 된 직업이랍니다.

이 나라 사람을 만나 보세요

윤정훈 (세계 맥주 대회 심사위원)

Q. 브루 마스터라는 직업의 매력과 장점은 무엇인가요?

우리나라의 가게에서 만들어 파는 맥주가 생긴 지는 10년이 채 되지 않았어요. 그래서 브루 마스터라는 직업에 대해 아직은 많이 알려지지 않았고, 정보도 많이 부족한 편이에요. 하지만 다양한 맥주를 찾는 사람들이 늘어나고 있어서, 앞으로 브루 마스터는 전망 좋은 직업이 될 거라고 확신해요. 현재 우리나라에서 활동하는 브루 마스터는 50명 정도이지만, 찾는 사람들이 점점 늘고 있어서 일할 거리가 많다는 것도 장점이지요. 게다가 맥주 만드는 기술을 익히면 평생 할 수 있는 직업이라는 점에서 아주 매력적이랍니다.

Q. 브루 마스터를 꿈꾸는 어린이들에게 한 말씀 해 주세요.

여러분이 자라서 브루 마스터가 되려면 최소한 10년이 지나야겠죠? 그때에는 지금보다 맥주 산업이 발전될 테니까 더 나은 환경에서 일할 수 있을 거예요.

특이한 것을 만들기 좋아하고, 기계 만지는 것, 음식 만드는 것을 좋아한다면 브루 마스터로서의 소질이 충분합니다. 외국에는 여자 브루 마스터도 많으니 관심 있는 여자 친구라면 꼭 도전하세요.

새의 친구 새 조련사
(Bird Handler)

어떤 나라인가요

동물원이나 텔레비전 프로그램에서 새들이 재주 부리는 것을 본 적 있나요? 이러한 새들을 훈련시키는 사람을 새 조련사라고 해요. 훈련받은 새들은 자전거를 타기도 하고, 글자를 맞추기도 하며, 농구도 하지요. 새 조련사의 나라에 오신 것을 환영합니다.

이 나라에서는 무엇을 잘해야 하나요

새를 좋아하고 아껴야 해요. 또 새가 잘 따라 하지 못해도 인내심을 가지고 꾸준히 훈련시켜야 해요. 또 공연이 보통 주말이나 휴일에 열리기 때문에, 남들이 쉬는 날에도 즐거운 마음으로 일할 수 있어야 해요.

이 나라는 앞으로 어떻게 발전할까요

요즘 새 공연은 인기가 많아요. 코끼리나 사자, 원숭이 등이 서커스에서 묘기 부리는 모습은 익숙한 편이지만 새가 재주를 부리는 모습은 흔치 않거든요. 앞으로 새 조련사들이 더 멋진 쇼를 준비할 것으로 기대돼요.

이 나라에 가려면 어떤 준비를 해야 하나요

새를 기르면 새의 특징과 습성을 이해하는 데 도움이 돼요. 이때 새의 행동 변화나 특성을 자세히 기록하면 좋은 공부가 되지요. 새에 관한 책을 읽고 새의 종류와 이름, 특징을 익혀 보세요.

도움이 되는 공부 : 과학, 사회, 국어, 생물

이 나라 사람을 만나 보세요
최성욱 (대경대 동물 조련 이벤트과 교수)

Q. 새 조련사라는 직업의 매력과 장점은 무엇인가요?

제가 가장 좋아하는 동물인 새와 함께할 수 있다는 게 가장 큰 장점이에요. 전 어렸을 때부터 하늘을 자유롭게 날아다니는 새에 매력을 느껴 캐나다에서 매 사냥을 공부했고, 현재는 앵무새를 비롯한 다양한 새들을 교육하고 있습니다. 제가 훈련시킨 새들이 푸른 하늘을 멋지게 날아다니다가 다시 돌아와 제 손 위에 앉는 것은 그 어떤 것과도 비교할 수 없는 기쁨이랍니다.

Q. 새 조련사를 꿈꾸는 어린이들에게 한 말씀 해 주세요.

새를 정말로 아끼고 사랑해야 해요. 아기 새를 기르는 일부터 어른 새에게 먹이를 주는 일까지 작은 것 하나에도 정성을 기울여 새를 돌보아야 합니다.

그리고 세계 여러 나라에서 열리는 새 관련 회의와 축제에 참가할 기회가 많으므로 영어 같은 외국어를 잘하면 큰 도움이 되지요.

새를 사랑하는 어린이라면 새 조련사에 꼭 도전해 보세요.

강철심장국

심장을 봐 드립니다 심전도 기사
(Electrocardiograph Technician)

어떤 나라인가요

심장에 문제가 생겼다고요? 그렇다면 이 나라로 오세요. 심장의 움직임을 살피는 기계인 심전도기로 심장의 이상을 발견해 내는 심전도 기사가 있거든요.

이 나라에서는 무엇을 잘해야 하나요

환자가 마음 편하게 검사를 받을 수 있도록 도와주어야 해요. 환자를 배려하는 마음을 가져야 하고, 따뜻한 말로 위로해 주어야 하지요. 또 특수한 검사 기계를 다루고, 검사 결과를 해석할 줄 알아야 하기 때문에 관련 지식을 익혀야 해요.

이 나라는 앞으로 어떻게 발전할까요

심장에 병이 생기면 생명이 위험해질 수 있어요. 그래서 심장에 이상이 있는지 확인하는 심전도 기사의 역할은 매우 중요해요. 특히 나이가 들수록 심장에 문제가 생기는 사람들이 많아지므로, 노인 인구가 늘어나고 있는 우리나라에서는 심전도 기사가 더 많이 필요해질 것으로 보여요.

이 나라에 가려면 어떤 준비를 해야 하나요

사람 몸의 구조와 기능에 대해 잘 알아야 해요. 도서관이나 서점에 있는 사람 몸에 대해 쉽고 자세하게 설명한 책들을 읽으면 좋은 공부가 된답니다. 우리나라에서 심전도 기사가 되려면 대학에서 보건학과나 임상 병리과를 전공한 뒤, 임상 병리사 시험에 합격해야 합니다.

도움이 되는 공부 : 과학, 수학, 영어, 공업

좀 더 알아보아요

심전도란?

우리 몸의 심장은 일정한 리듬을 따라 뛰고 있어요. 오므라들었다 펴졌다 하며 혈액을 내보내고 받아들이지요. 이때 심장이 오므라들면서 나타나는 '활동 전류'를 측정해서 곡선으로 기록한 것을 심전도라고 해요. 심전도는 심장 질환을 진단하는 데 사용되지요.

이 나라 사람을 만나 보세요

최소라 (삼성 서울 병원 심전도실 심전도 기사)

Q. 심전도 기사라는 직업의 매력과 장점은 무엇인가요?

심전도 검사는 건강 검진에 들어가는 검사 가운데 하나입니다. 가장 기초적인 검사라고 할 수 있지요. 이 검사로 전체적인 심장 상태를 파악하고 건강 상태를 점검할 수 있어요. 심전도 검사는 아주 간단합니다. 아픔을 느끼지도 않고 시간과 비용도 많이 들지 않아요. 게다가 검사를 받는 사람들의 심장 상태를 정확하게 알 수 있다는 장점이 있지요. 저 또한 이러한 검사를 담당함으로써 국민 건강을 돕는다는 자부심이 있답니다.

Q. 심전도 기사를 꿈꾸는 어린이들에게 한 말씀 해 주세요.

심전도 기사는 우리 몸에서 가장 중요한 심장을 검사하는 사람이에요. 사람의 생명과 관련된 일을 한다는 자부심과 책임감을 가질 수 있지요. 심전도 기사가 되고 싶다면 평소에 인체, 동물의 심장이나 해부학, 생명에 대해 관심을 가져 보세요. 심전도 기사가 되는 데 많은 도움이 될 거예요.

꼼꼼대륙 | 수족관미인국 | 씩씩대륙

인어를 꿈꾸는 아쿠아리스트
(Aquarist)

어떤 나라인가요

아쿠아리스트의 나라에 오신 것을 환영합니다. 큰 수족관에 가면 사람이 물속에 들어가 직접 물고기에게 먹이를 주거나 물고기와 묘기를 부리는 모습을 볼 수 있지요. 이렇게 수중 생물을 관리하고 사람들에게 볼거리를 보여 주는 사람을 아쿠아리스트라고 해요.

이 나라에서는 무엇을 잘해야 하나요

먹이, 물의 온도, 수족관의 위생 상태 등 여러 가지를 꼼꼼하게 챙겨서 물고기가 최고의 환경에서 살 수 있도록 도와주어야 합니다. 또 사람들이 즐겁게 관람할 수 있도록 늘 새로운 아이디어를 내는 것도 필요해요.

이 나라는 앞으로 어떻게 발전할까요

아쿠아리스트는 우리나라에 대형 수족관이 생기면서 새롭게 생긴 직업이라서 아직 그 숫자가 많지는 않답니다. 하지만 대형 수족관이 계속해서 생기고 있어서 앞으로 더 많은 아쿠아리스트가 일하게 될 것으로 보여요.

이 나라에 가려면 어떤 준비를 해야 하나요

물고기를 비롯한 수중 생물에 대한 공부가 필요해요. 집에서 물고기를 키워 보고, 그 과정을 자세히 기록하면 좋은 자료가 될 거예요. 수조 안의 물속에 들어가야 하므로 수영을 배우는 것도 도움이 돼요. 대학에서 해양과 관련된 공부를 하면 유리해요.

도움이 되는 공부 : 과학, 영어, 국어, 생물

좀 더 알아보아요

아쿠아리스트와 관련된 영어 단어

Aqua[애쿠] : 물, 액체
Aquarist[어쿠어리스트] : 아쿠아리스트
Aquarium[어쿠어리움] : 수족관

아쿠아리스트의 장점

동물을 좋아하는 사람은 취미 생활하듯 일할 수 있습니다. 동물들의 이름을 불러 주고 성격도 파악하면서 친해지게 되면 평상복을 입고 수조에 들어가도 다 알아보거든요. 그러면서 느끼는 교감이 이 직업의 매력이지요. 수조 밖에서 꼬마 친구들이 물개쇼 등을 구경하면서 동물과 인사하고 좋아하는 모습을 볼 때 보람도 있답니다.

아쿠아리스트가 되려면

동물을 좋아하는 마음과 성실함이 있다면 즐겁게 일할 수 있을 거예요. 넥타이 매고 멋있게 일하는 직업이 아니라 동물들의 배설물도 만져야 한다는 걸 잊지 말았으면 해요.
포유류인지 어류인지, 수의학 쪽인지 수입 관리 쪽인지, 준비하는 과정에서 내가 어느 쪽에 관심을 가지고 있는지 미리 잘 생각해 보는 것이 좋아요.

꼼꼼대륙

씩씩대륙

우주선만드리아

하늘과 우주를 나에게 항공 우주 엔지니어
(Aerospace Engineer)

어떤 나라인가요

비행기나 인공위성, 우주선 등을 설계하고 만드는 사람을 항공 우주 엔지니어라고 해요. 크게는 이런 것들을 수리하고 관리하는 사람, 관련된 부품을 만드는 사람들도 항공 우주 엔지니어라고 하지요. 이곳은 바로 항공 우주 엔지니어의 나라랍니다.

이 나라에서는 무엇을 잘해야 하나요

새로운 것에 도전하는 열정이 있어야 해요. 비행기나 우주선 등은 매우 복잡한 기계라서 부품이나 조립에 작은 문제가 생겨도 망가질 위험이 있어요. 때문에 섬세하고 꼼꼼한 성격이 필요하지요. 여러 사람이 팀을 이루어 함께 일하므로 다른 사람의 생각을 받아들일 수 있는 열린 마음도 필요해요.

이 나라는 앞으로 어떻게 발전할까요

지금은 태양계의 행성을 탐험하는 정도이지만, 태양계 바깥의 우주를 탐험하는 날이 곧 올 거예요. 미국 같은 선진국들은 항공 우주 분야에 많은 투자를 하고 있어요. 우리나라도 인공위성을 띄우고 우주인을 배출하는 등 항공 우주 분야에 많이 투자하기 시작했답니다.

이 나라에 가려면 어떤 준비를 해야 하나요

수학, 물리 실력이 튼튼해야 항공 우주 분야의 연구를 할 수 있으므로 열심히 공부해두세요. 또 외국의 수준 높은 기술을 알려면 영어 같은 외국어를 잘해야 한답니다. 대학에서 항공 우주나 기계 공학, 전자 공학, 재료 공학 등을 공부하면 유리해요.

도움이 되는 공부 : 과학, 수학, 영어, 천문학

좀 더 알아보아요

NASA란?

미국 항공 우주국(National Aeronautics and Space Administration)의 줄임말로 미국의 비군사적 우주 개발 활동의 주체가 되는 정부 기관이에요. 대통령 직속 기관으로, 비군사적인 우주 개발을 모두 관할하고 종합적인 우주 계획을 추진한답니다. 임무로는 항공 우주 활동 기획·지도·실시, 항공 우주 비행체를 이용한 과학적 측정과 관측 실시 및 준비, 정보의 홍보 활동 등이 있어요.

 다양한 엔지니어 직업에 대해 알고 싶어요

★ **금속 공학 엔지니어**
  금속과 합금의 특성을 연구하고 새로운 합금을 개발하며, 금속을 뽑아 내는 작업을 계획하고 지휘하는 일을 한답니다. 합금이란 두 가지 이상의 금속을 물리적으로 혼합해서 만든 금속을 말해요.

★ **환경 공학 엔지니어**
  다양한 공학 원리를 활용해서 환경에 위협이 되는 것을 예방하고 통제하거나, 개선하기 위한 일을 계획하고 수행해요. 인간이 살고 있는 환경의 오염을 줄이는 일을 한답니다.

★ **전기 공학 엔지니어**
  전기에 관한 전문적인 지식을 가지고 전기 관련 일을 하는 엔지니어랍니다. 전기 장비나 부품 또는 상업, 군사, 과학용 전기 시스템을 설계하고 제조하고 관리하는 일을 해요.

★ **기계 공학 엔지니어**
  엔진을 비롯한 여러 가지 기계 장비를 연구하고 개발하며 관리하는 일을 해요. 기계 공학의 원리를 이용해서 사람들이 편리하고 효율적으로 사용할 수 있도록 여러 종류의 기계를 개발하고 운영하는 일을 한답니다.

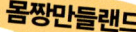 

다친 운동 선수들의 도우미 선수 트레이너
(Athletic Trainer)

어떤 나라인가요

운동 선수들이 부상을 입었을 때 완전히 회복될 때까지 옆에서 도와주는 사람이 선수 트레이너랍니다. 선수 트레이너는 선수들이 다치지 않도록 예방하는 일을 먼저 하고, 선수들이 다쳤을 경우 응급 처치를 하고 정상적인 몸 상태가 되도록 선수의 식사와 의약품 사용 등을 관리하는 일을 해요. 선수 트레이너의 나라에 오신 것을 환영합니다!

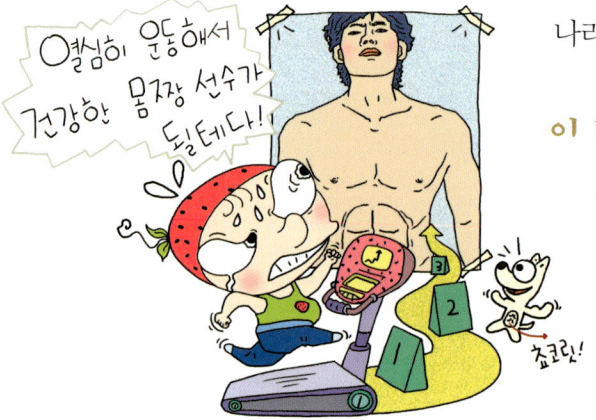

이 나라에서는 무엇을 잘해야 하나요

부상때문에 마음을 다친 선수들에게 용기를 주어서 선수들이 긍정적으로 생각하도록 도와주어야 해요. 스포츠 의학이라는 스포츠와 관련한 의학을 전문적으로 배워야 선수 트레이너가 될 수 있어요.

이 나라는 앞으로 어떻게 발전할까요

요즘에는 운동 선수들이 좋은 성적을 내려면 선수 트레이너로부터 전문적으로 관리를 받아야 한답니다. 축구, 야구, 농구 등 프로 스포츠가 발전하면서 선수 트레이너의 일도 부쩍 늘어났지요.

이 나라에 가려면 어떤 준비를 해야 하나요

여러 가지 운동에 대해서 배우면 좋아요. 우리나라에서는 시험을 봐서 선수 트레이너 면허를 따야 해요. 대학에서 체육이나 보건 관련 공부를 하면 유리해요.

도움이 되는 공부 : 의학, 과학, 체육, 영어

미리 가 볼 수 있어요

기관	홈페이지	소개
대한 선수 트레이너 협회	www.webkata.org	대한 스포츠 의학회 산하 단체로 선수 트레이너의 양성 및 관리에 대한 내용을 볼 수 있어요.
한국 선수 트레이너 협회	www.ikata.or.kr	선수 및 트레이너 배출 기관으로 AT 교육 과정과 관련 기사가 수록되어 있어요.

이 나라 사람을 만나 보세요

허재혁 (미국, 애리조나 컵스 선수 트레이너)

Q. 선수 트레이너라는 직업의 매력과 장점은 무엇인가요?

선수 트레이너가 하는 일은 크게 두 가지예요. 선수가 경기하다가 다쳤을 때 재빨리 응급 치료를 해서 다시 경기할 수 있도록 하는 것과, 부상을 당했거나 수술을 받은 선수들이 다시 최고의 몸 상태로 돌아올 수 있도록 재활과 체력 훈련을 돕는 거예요. 이 직업의 가장 큰 매력은 제가 치료해 주고 도와주던 어린 선수들이 나중에 유명한 선수가 되는 모습을 보는 거예요. 이때의 뿌듯함은 말로 표현할 수 없을 정도랍니다. 꿈을 향해 열심히 달려가는 선수들을 옆에서 지켜보며 함께 땀을 흘릴 수 있다는 점에서 아주 매력적인 직업이라고 할 수 있지요. 또 박찬호 같은 유명한 선수들을 만날 수 있는 기회도 아주 많답니다.

Q. 선수 트레이너를 꿈꾸는 어린이들에게 한 말씀 해 주세요.

운동을 좋아하고, 열심히 하면 좋겠어요. 또 운동 선수의 마음을 잘 이해한다면 선수들을 자기 동생처럼 혹은 친구처럼 생각하고 돌볼 수 있지요. 또 운동뿐만 아니라 공부도 열심히 해야 선수 트레이너 자격증을 딸 수 있답니다.

꼼꼼대륙 / 씩씩대륙

메디컬마법나라

병원의 첨단 장비를 책임지는 의료 장비 기사
(Medical Appliance Technician)

어떤 나라인가요

환자를 진료하는 데 사용되는 새로운 의료 장비를 개발하거나 고장난 의료 장비를 고쳐 주는 사람이 의료 장비 기사랍니다. 의료 장비 기사의 나라에 오신 것을 환영합니다!

이 나라에서는 무엇을 잘해야 하나요

몸이 불편한 사람들을 따뜻한 마음으로 대할 수 있어야 해요. 사람의 목숨과 관련된 일을 하고 있어서 책임감이 있어야 해요. 도구나 기계를 잘 다루어야 하며, 손재주가 좋아야 한답니다. 그리고 각종 의료 장비에 대한 깊이 있는 지식이 있어야 해요.

이 나라는 앞으로 어떻게 발전할까요

미국이나 일본 같은 선진국에서는 의료 장비 기사로 활동하는 사람이 많아요. 병원의 시설이 첨단화되면서 사용되는 의료 장비의 종류와 수가 늘어나고 있어요. 새로운 의료장비 가운데에는 아주 비싼 것도 많아서 장비를 잘 관리하고 수리하는 일이 매우 중요해요. 앞으로 의료 장비 기사는 첨단 의료 장비를 지키고 보다 편리한 장비를 만드는 선구자가 될 것으로 보여요.

이 나라에 가려면 어떤 준비를 해야 하나요

기계와 의학에 대해 지식과 기술을 쌓아야 해요. 우리나라에는 의공 기사라는 자격증이 있어요. 대학에서 의공학이나 전자공학을 전공하면 유리해요.

도움이 되는 공부 : 컴퓨터, 과학, 수학, 의학

좀 더 알아보아요

국제 의료 기기·병원 설비 전시회
1980년부터 매년 열리고 있는 전시회로, 줄여서 KIMES라고도 불러요. 국내외의 우수한 의료 기기 및 병원 설비를 전시하고 소개함으로써 국민 보건 향상과 의학술 발전을 돕기 위한 목적을 가지고 있답니다.

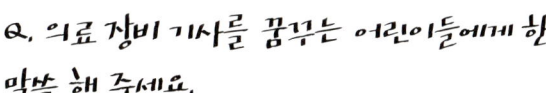

이 나라 사람을 만나 보세요

김평안 (의료 장비 기사)

Q. 의료 장비 기사라는 직업의 매력과 장점은 무엇인가요?

의료 기기들을 점검하고 수리하는 일이 얼핏 생각하면 단순할 것 같고 매일 똑같을 것 같지만, 관련 기기들이 몇 천, 몇 만 개씩 되기 때문에 새로운 기기에 대한 지식과 경험을 지속적으로 쌓을 수 있어서 무척 흥미진진하답니다. 또한 직업적으로도 안정적이고 수입도 적절해서 좋아요.

Q. 의료 장비 기사를 꿈꾸는 어린이들에게 한 말씀 해 주세요.

의료 장비 기사라는 직업을 얻기 위해서 거쳐야 할 과정은 결코 쉽지 않아요. 하지만 의료 장비는 사람들이 건강하고 행복한 삶을 가꾸는 데에 큰 도움을 주므로 자부심과 보람을 가지고 도전해 볼 만한 직업이랍니다.

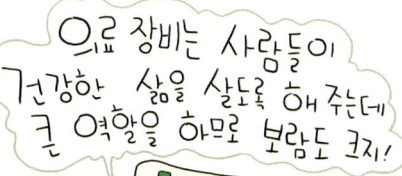

별의별동물국

동물의 친구 이색 동물 조련사
(Exotic Animal Trainer)

어떤 나라인가요

영화 제작이나 공연을 위해 낙타, 침팬지, 돌고래, 물개, 악어 등과 같은 특이한 동물을 훈련시키는 일을 하는 사람을 이색 동물 조련사라고 해요. 이곳은 바로 이색 동물 조련사의 나라랍니다.

이 나라에서는 무엇을 잘해야 하나요

동물과 마음이 통해야 어려운 묘기를 훈련시킬 수 있으므로, 동물을 사랑하고 아끼는 마음을 가져야 해요. 또 멋진 묘기는 꾸준한 훈련으로 만들어지므로, 끈기 있게 동물을 가르치고 훈련시킬 수 있어야 해요.

이 나라는 앞으로 어떻게 발전할까요

생활에 여유가 생기면서 곰이나 사자가 나오는 평범한 서커스 대신 특이한 동물이 나오는 쇼를 찾는 사람들이 늘고 있어요. 또한 영화나 텔레비전에 나오는 동물도 늘어나면서, 동물원이나 극장, 영화나 텔레비전 프로그램 제작소에서도 이색 동물 조련사를 많이 필요로 하고 있답니다.

이 나라에 가려면 어떤 준비를 해야 하나요

동물의 종류와 특성에 대해 공부해야 해요. 동물원을 자주 찾는 것도 큰 도움이 된답니다. 특이한 동물을 집에서 직접 기르는 것도 좋은 경험이 될 수 있답니다. 키우는 과정에서 동물의 성장 과정과 특징을 기록하면 좋은 자료가 되지요.

도움이 되는 공부 : 과학, 실과, 국어, 생물

이 나라 사람을 만나 보세요
오병모 (대경대 동물 조련 이벤트학과 교수)

Q. 이색 동물 조련사라는 직업의 매력과 장점은 무엇인가요?

동물 조련사는 흔치 않은 직업입니다. 이색 동물의 경우에는 더욱 말할 것도 없지요. 그래서 이색 동물 조련사는 남들이 할 수 없는 일을 한다는 자부심이 아주 큽니다. 또한 살아 있는 생물을 보살피는 일이기에 다른 일과 비교할 수 없는 보람을 주지요. 내가 돌보는 동물이 건강하게 생활할 때, 또 아픈 동물이 다시 건강을 되찾았을 때의 기쁨은 어떤 것과도 비교할 수 없어요.

Q. 이색 동물 조련사를 꿈꾸는 어린이들에게 한 말씀 해 주세요.

인간은 이 땅에 사는 수많은 생명체 가운데 하나일 뿐입니다. 따라서 인간이 동물보다 뛰어나다는 생각은 버려야 해요. 간혹 동물을 괴롭히는 친구들도 있는데, 동물도 사람처럼 존중받아야 하는 존재라는 것을 잊지 마세요. 동물은 인간의 가장 좋은 친구랍니다. 이러한 마음가짐을 가진다면 훌륭한 동물 조련사가 될 수 있어요.

꼼꼼대륙 · 씩씩대륙

춤추는휠체어

장애인의 새 삶을 돕는 작업 치료사
(Occupational Therapist)

어떤 나라인가요

사고로 오른팔을 잃어버렸다고 생각해 보세요. 혼자서 옷을 입거나 밥을 먹는 등의 일상생활조차 쉽지 않을 거예요. 이곳은 이렇게 신체적, 정신적으로 장애가 있는 사람이 혼자서도 일상생활을 할 수 있도록 도와주는 작업 치료사의 나라랍니다.

이 나라에서는 무엇을 잘해야 하나요

장애인들은 운동 능력이 떨어지기 때문에 간단한 훈련도 오랜 시간이 걸려야 익숙해져요. 따라서 참을성 있게 이들을 도와줄 수 있어야 해요. 또 환자 몸을 잘 관찰해서 운동 능력이 어느 정도 있는지, 어떻게 훈련하면 좋을지 생각해 보고 환자에게 알맞게 훈련을 시켜야 해요. 무엇보다 몸이 불편한 사람들을 배려하고 사랑하는 마음이 있어야 하지요.

이 나라는 앞으로 어떻게 발전할까요

교통 사고를 당하거나 건설 현장 또는 공장에서 사고로 몸에 장애를 입는 사람들이 점점 늘고 있어요. 이들을 위해 병원, 장애인 관련 단체, 특수 학교 등에서 작업 치료사를 많이 찾을 것으로 보여요. 미국에는 9만 명 이상의 작업 치료사가 사람들의 재활을 돕고 있답니다.

이 나라에 가려면 어떤 준비를 해야 하나요

사람의 몸에 대해 공부가 필요해요. 전문 대학이나 대학교에서 작업 치료학을 공부하고 작업 치료사 자격증을 따야 일을 할 수 있답니다.

도움이 되는 공부 : 과학, 실과, 수학, 의학

좀 더 알아보아요

작업 치료사가 되려면

작업 치료과를 졸업한 뒤 국가고시에 합격하면, 작업 치료사 면허증을 얻는 것과 동시에 대한 작업 치료사 협회에 자동으로 가입이 되지요. 작업 치료사가 된 뒤에는 종합 병원 등의 재활 의학과나 특수 학교 치료 교사, 직업 훈련 센터 등에서 일할 수 있게 된답니다.

이 나라 사람을 만나 보세요

최미화 (미국, 캘리포니아 주 작업 치료사)

Q. 작업 치료사라는 직업의 매력과 장점은 무엇인가요?

작업 치료사는 장애로 일상생활을 제대로 하지 못하는 사람들을 치료해서 스스로 생활할 수 있도록 돕는 사람입니다. 치료를 받아 점점 좋아지는 환자의 모습을 볼 때면 매우 뿌듯하답니다. 또 예전처럼 일상생활을 해내는 모습을 보면 내 일처럼 기쁘고 행복해지지요.

Q. 작업 치료사를 꿈꾸는 어린이들에게 한 말씀 해 주세요.

작업 치료사는 장애인을 사랑하고 존중하는 마음이 있어야 보람을 느낄 수 있는 직업입니다. 몸이 불편한 사람들과 활동하려면 힘이 많이 들기 때문에 무엇보다 건강해야 합니다. 또 같은 치료를 반복하기도 해야 하므로 참을성이 필요합니다.

작업 치료사는 물리 치료사, 언어 치료사, 심리 치료사 등 다른 사람들과 함께 일하는 경우가 많기 때문에 다른 사람을 배려할 줄 아는 마음 또한 필요하답니다.

꼼꼼대륙 · 바다속퐁당나라   씩씩대륙

바다의 왕자 잠수사 (Diver)

어떤 나라인가요

이곳은 잠수사의 나라예요. 산소통과 잠수복 같은 장비를 착용하고 물속으로 들어가 일하는 사람을 잠수사라고 해요. 물속에서 조사 활동을 하거나 유물을 발굴하는 일, 물속의 기계를 수리하거나 용접하는 일, 방파제나 여객 터미널 등을 건설하는 일, 수중 촬영을 하는 일, 못 쓰는 그물이나 쓰레기를 건져 올리는 일 등 다양한 일을 하지요.

이 나라에서는 무엇을 잘해야 하나요

수영이나 다이빙 같은 수상 스포츠를 좋아해야 해요. 물을 두려워하지 않아야 물속에서 일할 수 있기 때문이에요. 물속에서 기계를 수리하거나 용접을 하는 등의 일을 해야 하므로 관련된 도구를 능숙하게 다룰 줄 알아야 합니다. 또 위험한 일에 도전할 수 있는 용기가 필요해요.

이 나라는 앞으로 어떻게 발전할까요

우리나라는 삼면이 바다로 둘러싸여 있어서 잠수사가 하는 일은 참으로 다양하답니다. 앞으로는 바다 속에 건물을 짓거나 인공 섬을 만드는 일 등 더 다양한 분야에서 잠수사가 활약할 것으로 보입니다.

이 나라에 가려면 어떤 준비를 해야 하나요

수영을 체계적으로 배워야 해요. 또한 잠수사에게 필요한 여러 가지 기술 훈련도 필요하지요. 잠수 기능사와 같은 자격을 따거나, 해군에서 오랫동안 일하면서 잠수 기술을 배우면 유리해요. 스킨 스쿠버 교육을 받으면 잠수사의 일을 체험할 수 있답니다.

도움이 되는 공부 : 체육, 과학, 의학, 실과

좀 더 알아보아요

잠수병이란?

잠수사가 잠수할 때, 바다의 깊이가 깊어질수록 수압이 높아져서 잠수부의 몸속에 있던 질소 가운데 일부가 혈액 속으로 녹아 들어가게 되지요. 이때 잠수부가 깊은 곳에서부터 빠르게 올라오면 몸에 받고 있던 수압이 갑자기 줄어들어 혈액 속에 공기 방울이 생기게 되고, 이 공기 방울이 관절과 골수 안에 모이게 되어 심한 통증을 일으킨답니다. 이것을 잠수병(감압병)이라고 하지요.

이 나라 사람을 만나 보세요

방홍식 (미국, 미주 한인 다이버 협회 회장)

Q. 잠수사라는 직업의 매력과 장점은 무엇인가요?

남들은 경험하지 못하는 바다 속의 신비한 세계를 탐험하고, 위험한 상황에서도 도전하고 극복한다는 데 매력이 있습니다. 또한 잠수사는 잠수 기술뿐만 아니라 과학, 의학, 공학 등의 지식이 필요한 전문 직업으로, 외국에서는 매우 대접받는 직업이며 수입 또한 높습니다.

Q. 잠수사를 꿈꾸는 어린이들에게 한 말씀 해 주세요.

인간이 깊은 물속에서 자유롭게 헤엄칠 수 있게 된 것은 겨우 50년 정도 되었을 뿐입니다. 그래서 바다는 아직 미지의 세계로 남아 있지요. 잠수사에게 바다는 끝없이 도전해야만 하는 아름다운 곳입니다. 도전 정신과 열정이 있는 친구라면 잠수사에 도전해 보는 것은 어떨까요?

전자제품만땅

편리한 생활을 책임지는 전자 공학 엔지니어
(Electronics Engineer)

어떤 나라인가요

향기가 나는 신기한 텔레비전이 있는 전자 공학 엔지니어의 나라에 오신 것을 환영합니다. 전자 공학 엔지니어는 컴퓨터, 반도체, 휴대폰, 텔레비전 등의 각종 전자 제품에 들어가는 부품을 연구하고 만드는 일을 해요. 또한 소비자가 원하는 것을 잘 파악해서 새로운 전자 제품을 만들고 관리하는 일도 한답니다.

이 나라에서는 무엇을 잘해야 하나요

반짝반짝하는 아이디어가 필요해요. 사람들이 사용하는 텔레비전이나 냉장고, 세탁기 등을 좀 더 편리하게 사용할 수 있도록 기능을 고치거나, 새로운 기능을 생각해 내야 하니까요.

이 나라는 앞으로 어떻게 발전할까요

전자 제품은 우리 생활을 편리하게 만들어 주어요. 전자 공학 엔지니어는 앞으로 더 다양하고 편리한 전자 제품을 많이 개발할 거예요.

이 나라에 가려면 어떤 준비를 해야 하나요

텔레비전이나 컴퓨터, 휴대폰 같은 전자 제품을 사용해 보고 좀 더 좋게 고쳐야 할 부분을 찾아보세요. 집에서 사용하지 않는 라디오나 컴퓨터를 분해해서 어떤 부품이 들어 있는지 살펴보면 좋아요. 대학에서 전자 공학을 공부하면 유리하답니다.

도움이 되는 공부 : 실과, 과학, 수학, 컴퓨터

> 전자 공학자에 대해 알고 싶어요

전자 공학자가 주로 하는 일 9가지

1. **전자 메일** : 업무상의 이유로 전자 메일을 자주 사용해요.
2. **토론** : 동료와 얼굴을 맞대고 업무에 관해 자주 토론해요.
3. **실내 작업** : 환경이 좋은 실내에서 주로 일을 해요.
4. **전화** : 업무상 전화를 자주 해요.
5. **틀이 짜여진 일** : 업무와 목표에 이미 틀이 짜여져 있어요.
6. **앉아서 일을 함** : 많은 시간을 앉아서 작업해요.
7. **팀 작업** : 팀이나 집단 속에서 다른 사람들과 함께 일하는 것이 중요해요.
8. **정교한 작업** : 정교하고 정확하게 하는 것이 매우 중요해요.
9. **다른 사람과의 접촉** : 다른 사람과 접촉해서 일하는 경우가 많아요.

전자 공학자가 하는 중요한 일 10가지

1. 컴퓨터 활용
2. 정보 취득
3. 정보의 확인과 평가
4. 전자 장비의 수리와 유지
5. 장비, 구조, 재료의 간편한 기록
6. 정보의 기록
7. 관련된 지식의 최신화 및 활용
8. 의사 결정과 문제 해결
9. 자료와 정보의 분석
10. 생산물이나 활동의 평가

〈출처: 미국 직업 정보 네트워크〉

전자공학은 정교함과 정확성이 생명이야~!

맵토피아

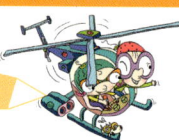

세상을 그리는 지도 제작 전문가
(Cartographer)

어떤 나라인가요

한 번도 가 보지 않은 낯선 곳도 지도를 보면 쉽게 찾아갈 수 있어요. 이곳은 지도를 만드는 지도 제작 전문가의 나라예요. 지도는 쓰이는 목적에 따라 교통 안내 지도, 관광 지도, 등산 지도, 군사용 지도 등 여러 가지로 나뉜답니다.

이 나라에서는 무엇을 잘해야 하나요

건물이나 도로가 건설되거나 개간 사업 등으로 땅 모양은 계속해서 바뀌어요. 이렇게 바뀐 부분들을 지도에 그리려면 돌아다니는 것을 좋아해야 해요. 지도를 만드는 일은 많은 시간과 노력이 필요한 일이므로, 한 번 마음먹은 일은 꼭 해내는 끈기와 성실함이 있어야 해요.

이 나라는 앞으로 어떻게 발전할까요

컴퓨터와 인터넷이 발달하면서 전자 지도의 사용이 늘고 있고, 특히 자동차 내비게이션 사용이 늘어나면서 전자 지도를 만드는 회사도 더욱 늘어나고 있어요. 앞으로 지도를 좀 더 효과적으로 이용하는 방법들이 계속 개발될 것으로 보여요.

이 나라에 가려면 어떤 준비를 해야 하나요

옛날에는 손으로 지도를 그렸지만, 요즘에는 컴퓨터로 지도를 그려요. 따라서 관련된 컴퓨터 프로그램의 사용법을 익혀야 해요. 지도 제작에 관한 자격증을 따면 유리해요.

도움이 되는 공부 : 사회, 과학, 수학, 지리

좀 더 알아보아요

지리 정보 시스템(GIS)

컴퓨터가 많이 사용되지 않던 과거에는 지도나 지리 정보를 종이에 인쇄된 인쇄물 형태로 관리했어요. 그러나 이제는 컴퓨터를 이용해서 지도와 지리 정보를 작성하거나 관리하고, 이 정보를 기초로 데이터를 수집·분석·가공할 수 있지요. 지리 정보 시스템(GIS)은 우리가 자동차를 탈 때 자주 이용하는 네비게이션과 같이 지형과 관련되는 모든 분야에 적용하기 위해 설계된 종합 정보 시스템을 말해요.

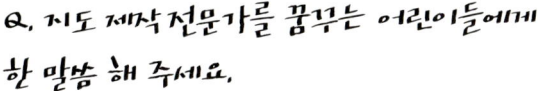

이 나라 사람을 만나 보세요

정동희 ㈜카이네스

Q. 지도 제작 전문가라는 직업의 매력과 장점은 무엇인가요?

넓고 복잡한 땅 모양을 한눈에 쉽게 볼 수 있도록 만드는 것이 이 직업의 매력입니다. 복잡한 길 모양, 수많은 건물과 가게들을 한눈에 쏙 들어오도록 만드는 것이지요. 요즘은 네비게이션이나 휴대폰, 인터넷의 포털 사이트 등을 이용해서 지도를 활용하는 사람들이 많아요. 제가 만든 지도를 쓰는 사람들을 볼 때마다 보람을 느낀답니다.

Q. 지도 제작 전문가를 꿈꾸는 어린이들에게 한 말씀 해 주세요.

지도 제작 전문가가 되고 싶다면 여러분 집 주변을 그림 지도로 표현해 보세요. 높은 곳에 올라가 집 주변에 무엇이 있는지 관찰하고, 집을 중심으로 상가와 아파트, 학교 등을 그려 넣는 거예요. 그러면 여러분이 더 커서 지도 제작 전문가가 되는 데 큰 도움이 될 거예요.

꼼꼼대륙

 씩씩대륙

 모차르트킹덤

소리의 마법사 피아노 조율사
(Piano Tuner)

어떤 나라인가요

아무리 훌륭한 피아니스트라도 음이 엉망인 피아노나 고장 난 피아노로는 멋진 연주를 할 수 없어요. 피아노 음을 고르게 맞추어 주고, 고장 난 부분은 고쳐 주는 사람을 피아노 조율사라고 해요. 이곳은 바로 피아노 조율사의 나라랍니다.

이 나라에서는 무엇을 잘해야 하나요

아름다운 피아노 소리를 만들려면 소리를 잘 들을 줄 알아야 해요. 아주 작은 음의 높낮이 차이도 잡아낼 수 있어야 하고요. 음악을 사랑하고, 피아노도 연주할 줄 알면 도움이 되지요. 또 손재주가 좋고 도구나 기계를 다루는 일도 좋아해야 해요.

이 나라는 앞으로 어떻게 발전할까요

디지털 피아노가 생겨서 일반 피아노를 사는 사람들이 줄어들기는 했어요. 하지만 전자음의 디지털 피아노와는 달리 울리는 소리의 깊이가 다른 일반 피아노를 좋아하는 사람들도 많은 만큼 이 직업을 통해 가치와 보람을 느낄 수 있을 거예요.

이 나라에 가려면 어떤 준비를 해야 하나요

피아노에 대해 잘 알아야 해요. 피아노를 배워서 기초적인 곡을 연주할 수 있으면 더욱 좋지요. 피아노 조율사는 자격증이 필요하기 때문에 전문 학원에서 공부를 해야 해요.

도움이 되는 공부 : 음악, 실과, 과학, 피아노

좀 더 알아보아요

조율

조율은 악기의 음률을 조정하는 일을 말합니다. 피아노나 오르간 같은 악기는 기온·습도 등 바깥의 조건에 따라 음이 달라지기 쉬우므로 가끔 조율이 필요하지요. 그리고 바이올린 등 현악기는 연주를 할 때 연주자가 음높이를 조절하게 되어 있는데, 이때 각 현의 음높이를 조정하는 일은 '조현'이라고 해요.

이 나라 사람을 만나 보세요

김진원 (뉴질랜드, 오클랜드 피아노 조율사)

Q. 피아노 조율사라는 직업의 매력과 장점은 무엇인가요?

가장 큰 매력은 시간적인 자유입니다. 보통 예약해서 조율 시간을 정하기 때문에, 일을 몰아서 할 수도 있고 일이 없을 때에는 개인적으로 시간을 활용할 수 있습니다. 보통 1년 정도 공부하고 3~4년 정도 경험을 쌓으면 회사를 차리거나 프리랜서로 일할 수 있습니다. 또 음악과 관련된 일(악기 상점, 중고 악기 거래 등)이나 어떤 분야를 공부하고 싶을 때에도 함께 할 수 있다는 장점이 있습니다. 실력만 좋으면 부르는 사람도 많고 일거리를 구하기도 쉽답니다.

Q. 피아노 조율사를 꿈꾸는 어린이들에게 한 말씀 해 주세요.

외국에서 일하려면, 우리나라에서 피아노 조율 기술을 배우는 것이 좋습니다. 또 외국어 공부도 열심히 해야 하고요.

외국에서는 피아노 조율을 전문 기술로 인정해 주며 보수도 높은 편이랍니다.

고장난 비행기 도여라 항공기 정비원
(Aircraft Mechanic)

어떤 나라인가요

비행기는 매우 안전한 교통수단이에요. 하지만 사고가 나면 많은 사람이 다치거나 목숨을 잃을 수 있어요. 때문에 사람들이 비행기를 타기 전에 늘 상태를 점검하고 문제가 있는 부분은 바로 고치지요. 이런 일을 하는 사람을 항공기 정비원이라고 해요. 항공기 정비원의 나라에 오신 것을 환영합니다!

이 나라에서는 무엇을 잘해야 하나요

비행기가 출발하기 전의 짧은 시간 동안 검사해야 하기 때문에 집중력이 필요해요. 안전과 관련된 일이기 때문에 책임감이 있어야 하고요. 관련된 도구와 기계도 잘 다루어야 해요.

이 나라는 앞으로 어떻게 발전할까요

비행기를 타고 외국을 여행하는 사람과 화물의 양이 점점 늘어나고 있으므로 앞으로 더 많은 항공기 정비원이 비행기의 안전을 책임질 것으로 보여요.

이 나라에 가려면 어떤 준비를 해야 하나요

여러 가지 도구나 기계를 잘 다루어야 해요. 펜치나 스패너 같은 간단한 공구 사용법을 익히고, 기계의 종류나 작동 원리 등을 공부하면 좋아요. 대학에서 항공기 정비와 관련된 공부를 하면 유리해요.

도움이 되는 공부 : 실과, 과학, 영어, 공업

좀 더 알아보아요

항공기 정비사가 되려면

2년제 이상 대학에서 항공 공학 등의 공학 계열을 졸업하면 항공사 공채 시험에 응시할 수 있어요. 그러나 대학을 나오지 않은 고졸 이상의 일반인도 항공기 정비사에 도전할 수 있는 길은 있지요. 항공사 등에서 운영하는 항공 정비 관련 직업 훈련원(2년 과정)을 우수한 성적으로 수료하면 항공기 정비사로 들어갈 수 있거든요. 항공 고등학교나 공군 항공 과학 고등학교를 졸업하고 군에서 항공 정비 실무를 익힌 뒤에 취업할 수도 있구요. 관련 자격증으로는 항공 정비 기능장, 항공 기관 정비 기능사, 항공 장비 정비 기능사, 항공 기체 정비 기능사, 항공 공장 정비사, 항공 정비사 등이 있답니다.

이 나라 사람을 만나 보세요

설진수 (뉴질랜드, 에어뉴질랜드 항공기 정비원)

Q. 항공기 정비원이라는 직업의 매력과 장점은 무엇인가요?

저는 어렸을 때부터 하늘을 나는 비행기에 호기심이 많았습니다. 지금은 항공기 정비원이 되어 매일 신기한 비행기를 볼 수 있어서 매우 행복하답니다. 항공기 정비원은 책임감과 자부심이 필요한 직업입니다. 수백 명의 승객을 안전하게 모실 수 있도록 비행기를 돌보는 일은 그 무엇보다 중요하니까요. 또 세계 어디에나 공항이 있고, 비행기 정비와 수리는 꼭 필요하기 때문에 자신이 원한다면 세계 어느 곳에서나 일할 수 있지요.

Q. 항공기 정비원을 꿈꾸는 어린이들에게 한 말씀 해 주세요.

열정을 가지고 열심히 노력하면 반드시 좋은 결과가 있을 거라고 생각합니다. 특히 수학과 영어의 중요성을 강조하고 싶습니다. 수학을 열심히 해야 비행기의 원리를 잘 이해할 수 있고, 외국에서 일할 때에는 모든 사용 설명서가 영어로 되어 있기 때문이지요.

다음 여행을 떠나기 전에 잠시 쉬어 가요!

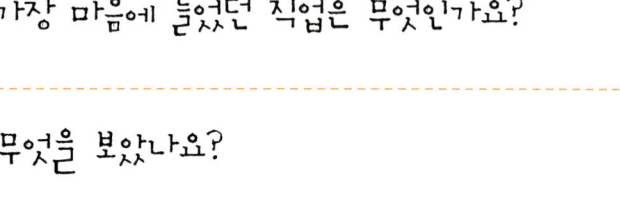

가장 마음에 들었던 직업은 무엇인가요?

무엇을 보았나요?

무엇을 느꼈나요?

인터넷 검색이나 관련 홈페이지를 방문하여 가장 마음에 들었던 직업에 대해 좀 더 알아보아요. 알게 된 내용은 정리해 두면 더 좋겠지요.

더 알게 된 내용을 적어 보세요.

다음 여행지는 17개 나라가 있는 친친대륙이야.

오, 그래. 너무너무 기대되는데.

꼼꼼대륙　　　　　　　　　　　　　　씩씩대륙

친절하고 이해심 많은 더불어 사는 사회의 세계
친친대륙

친친대륙에서 우리가 여행할 곳은 모두 17개 나라예요.
남을 도와주는 것을 좋아하는 이 나라 사람들은
이해심이 많고 관대하며 협동적이랍니다.

★ 결혼 상담가 (Marriage Counselor)
★ 라이프 코치 (Life Coach)
★ 레크리에이션 치료사 (Recreational Therapist)
★ 목소리 코치 (Voice Coach)
★ 부끄러움 컨설턴트 (Shyness Consultant)
★ 비애 치료사 (Grief Therapist)
★ 여행 상담원 (Travel Counselor)
★ 역사물 해설가 (Historical Interpreter)
★ 응급 구조사 (Emergency Medical Technician)

펀펀대륙

곰곰대륙

 당당대륙

- ★ 장례 지도사 (Funeral Director)
- ★ 재정 상담가 (Financial Counselor)
- ★ 춤 치료사 (Dance Therapist)
- ★ 치과 위생사 (Dental Hygienist)
- ★ 카이로프랙터 (Chiropractor)
- ★ 커리어 코치 (Career Coach)
- ★ 특수 교사 (Special Education Teacher)
- ★ 피부 관리사 (Aesthetician)

 친친대륙

21세기 중매쟁이 결혼 상담가
(Marriage Counselor)

어떤 나라인가요

이곳은 최고의 짝을 찾을 수 있도록 도와주는 결혼 상담가의 나라랍니다. 흔히 커플 매니저라고 불리는 결혼 상담가는 결혼하지 못한 남자와 여자에게 이성을 추천해 주고, 결혼할 수 있도록 도와주지요. 결혼 상담가는 성격, 외모, 직업 같은 상세한 자료를 가지고 어울리는 짝을 추천해 줍니다.

이 나라에서는 무엇을 잘해야 하나요

상대방의 이야기를 듣고 무엇을 원하는지 잘 알 수 있어야 해요. 또 상대방의 어려움을 잘 이해해 주고, 문제를 적극적으로 해결해 줄 수 있어야 해요. 상대방의 문제점에 대해서도 솔직히 이야기해 줄 수 있어야 해요.

이 나라는 앞으로 어떻게 발전할까요

바쁘게 살다 보니 결혼할 시기를 놓치거나, 짝을 찾지 못해 결혼하지 못한 사람들이 많이 있어요. 따라서 배우자를 찾아 주는 결혼 정보 회사의 일이 나날이 늘어나고 있지요.

이 나라에 가려면 어떤 준비를 해야 하나요

다양한 사람들을 상대하는 직업이므로 사교성이 필요해요. 또한 상대방의 고민을 잘 들어 주고, 이를 해결해 줄 수 있어야 합니다. 고민이 있는 친구들의 이야기를 잘 듣고 해결책을 생각해 보세요. 친구에게도 도움이 되고 자신에게도 좋은 경험이 된답니다.

도움이 되는 공부 : 사회, 국어, 수학, 듣기

좀 더 알아보아요

결혼 상담가라는 직업의 단점

직장에 다니는 고객들이 대부분이고, 고객이 원하는 시간에 상담이 이루어져야 하기 때문에 야간 및 휴일 근무를 하는 경우가 많아요. 특히 결혼식이 주로 주말 및 공휴일에 있으므로 주말에 쉬는 날이 많지 않지요. 고객과의 상담 및 결혼 준비 진행을 돕기 위해 자주 밖에 나가 일해야 한다는 점도 감수해야 한답니다.

이 나라 사람을 만나 보세요

써니 최 (미국, 선우 뉴욕 센터장)

Q. 결혼 상담가라는 직업의 매력과 장점은 무엇인가요?

대부분의 사람은 행복한 결혼을 꿈꿉니다. 하지만 자신과 잘 맞는 사람을 찾기란 쉽지 않아요. 때로는 일이나 공부를 하다가 결혼할 때를 놓치기도 하고요. 이런 사람들을 위해 중간에서 다리 역할을 하는 사람이 결혼 상담가입니다. 좋은 짝을 찾아 주는 보람 있는 직업이지요. 제가 사는 미국에서는 같은 한국 사람을 결혼 상대로 찾는 경우가 많아요. 이런 사람들을 서로 맺어 주는 데 결혼 상담가가 큰 역할을 하고 있답니다.

Q. 결혼 상담가를 꿈꾸는 어린이들에게 한 말씀 해 주세요.

한국에서도 그렇지만 외국에서도 결혼 상담가가 갈수록 늘어나고 있어요. 서로 다른 직업과 성격을 가진 두 사람이 만나 좋은 결실을 맺으려면 결혼 상담가가 만남을 계속할 수 있도록 도와주어야 합니다. 적절한 상담과 조언을 하려면 사람의 마음에 대해 공부도 해야 하고, 다양한 사람들을 만나 경험을 쌓는 것이 좋습니다.

인생 상담사 라이프 코치
(Life Coach)

어떤 나라인가요

살다 보면 여러 가지 문제들을 만나게 되는데 이곳은 이러한 문제들을 해결할 수 있도록 도와주는 라이프 코치의 나라랍니다. 인생의 목표를 세우고 이를 이루기 위해 무엇을 해야 하는지, 돈을 어떻게 벌고 관리해야 하는지, 가족 간의 문제는 어떻게 해결해야 하는지 등 다양한 문제를 도와주지요.

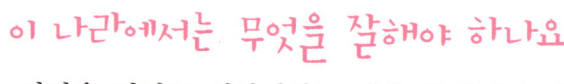

이 나라에서는 무엇을 잘해야 하나요

사람을 만나고 이야기하는 것을 좋아해야 해요. 고민이 있는 사람을 진심으로 도우려는 마음이 있어야 하고요. 그리고 고민을 털어놓는 사람들의 비밀을 지켜 주어야 해요. 또 칭찬과 격려를 해 줌으로써 자신감을 가지고 생활할 수 있도록 도와주어야 해요.

이 나라는 앞으로 어떻게 발전할까요

미국에서는 경제인, 정치인 같은 사람들뿐만 아니라 일반인들도 라이프 코치에게 상담을 받고 있어요. 우리나라에도 라이프 코치가 생기기 시작했는데, 사람들이 받는 스트레스가 점점 늘고 있으므로 앞으로 라이프 코치를 찾는 사람은 더욱 늘어날 것으로 보여요.

이 나라에 가려면 어떤 준비를 해야 하나요

사람들의 다양한 고민을 해결해 주어야 하므로 여러 분야의 지식이 필요해요. 독서로 지식을 기르고, 철학 등 여러 분야를 공부해야 합니다.

도움이 되는 공부 : 사회, 국어(듣기), 수학

좀 더 알아보아요

왜 라이프 코치가 필요할까요?

사람들은 인생을 살면서 다양한 문제에 부딪히게 돼요. 하지만 복잡한 문제를 혼자서 해결하려면 너무 힘들어요. 혼자 생각한 것이 반드시 옳다는 법도 없고요. 그래서 라이프 코치가 필요하지요. 라이프 코치는 고민을 함께 나누고 해결책을 함께 찾는 사람이에요. 자신이 하는 일에 확신을 갖게 도와주는 것도 라이프 코치의 중요한 일 가운데 하나이지요.

이 나라 사람을 만나 보세요

이한미 (홍콩, 마이 코칭존 라이프 코치)

Q. 라이프 코치라는 직업의 매력과 장점은 무엇인가요?

가장 큰 장점은 출퇴근과 일하는 시간이 사무직에 비해 자유롭다는 점입니다. 자신이 원하는 시간에 원하는 인원만큼 상담할 수 있어요. 상담하는 방법도 다양해서 고객을 직접 만나기도 하고, 전화나 컴퓨터를 이용하기도 합니다. 라이프 코치는 고객들이 목표를 달성할 수 있도록 돕는 도우미 역할을 한답니다. 의미 있는 삶을 살 수 있도록 누군가를 돕는다는 것은 무척 보람된 일이지요. 또한 우수한 라이프 코치는 끊임없이 자신을 다듬고 발전시키려고 노력해요. 폭넓은 독서와 다양한 경험에서 우러난 지혜가 상담을 할 때 도움이 되기 때문입니다. 이렇게 일을 하면서 자기 삶도 발전시킬 수 있다는 점에서 라이프 코치라는 직업은 아주 매력적입니다.

Q. 라이프 코치를 꿈꾸는 어린이들에게 한 말씀 해 주세요.

라이프 코치는 몸과 마음이 건강해야 합니다. 사람들에게 자신감과 긍정의 힘을 심어 주고, 용기와 희망을 불어 넣어 주려면 라이프 코치의 몸과 마음이 풍요로워야 하기 때문이에요.

  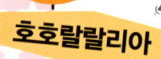

놀면서 치료하는 레크리에이션 치료사
(Recreational Therapist)

어떤 나라인가요

이곳은 놀이로 건강을 되찾는 나라예요. 레크리에이션 치료사가 미술, 무용, 게임, 음악, 연극 등 다양한 활동으로 몸이나 마음이 아픈 사람들에게 즐거움을 주고, 자신감을 가지고 살 수 있도록 도와준답니다.

이 나라에서는 무엇을 잘해야 하나요

어려운 사람들을 도우려는 고운 마음이 필요해요. 환자에 맞게 미술, 음악, 게임, 무용 등 다양한 활동을 지도해야 하므로 여러 분야의 지식이 필요하구요. 레크리에이션 활동을 지도해야 하기 때문에 조리 있는 말솜씨도 필요하지요.

이 나라는 앞으로 어떻게 발전할까요

건강한 삶을 사는 것은 모든 사람의 바람입니다. 레크리에이션 치료는 놀이나 오락 같은 즐거운 활동을 하며 건강을 찾는 일이라서 앞으로 찾는 사람이 더욱 늘어날 것으로 보여요. 병원, 요양원, 노인 복지관, 상담 기관 등에서 활동하는 레크리에이션 치료사가 점점 늘고 있답니다.

이 나라에 가려면 어떤 준비를 해야 하나요

사람들을 잘 이끌어야 하기 때문에 말하기 훈련이 필요해요. 학교나 가족 행사 때 재미있는 게임을 몇 가지 준비해서 사람들 앞에서 진행해 보세요. 대학에서 사회복지학, 특수교육학, 간호학 등을 공부하면 유리해요.

도움이 되는 공부 : 음악, 국어(말하기), 미술

미리 가 볼 수 있어요

기관	홈페이지	소개
한국 레크리에이션 센터	www.krec.or.kr	웃음 치료에 관한 칼럼 및 각종 자료들을 볼 수 있어요.
사단 법인 한국 레크리에이션 연합회	www.creckorea.or.kr	웃음 치료사 강사 자격증에 대한 안내를 받을 수 있어요.

이 나라 사람을 만나 보세요
이수일 (미국, 뉴욕 한민교회 레크리에이션 치료사)

Q. 레크리에이션 치료사라는 직업의 매력과 장점은 무엇인가요?

레크리에이션 치료사는 삶에 지쳐 몸이나 마음이 아픈 사람들에게 기운을 북돋워 주는 일을 해요. 환자들과 즐겁게 노는 일이 직업이기 때문에 스트레스를 받을 일이 거의 없답니다. 또 우울해하던 환자가 치료 받은 뒤 즐겁게 생활하는 것을 보면 보람도 아주 크지요.

Q. 레크리에이션 치료사를 꿈꾸는 어린이들에게 한 말씀 해 주세요.

이 직업을 꿈꾼다면 성격이 밝고 명랑한 것이 좋아요. 환자들과 어울려 신나게 놀 수 있어야 하거든요. 레크리에이션 치료사는 환자를 치료할 뿐 아니라 사람들을 즐겁게 해 준다는 점에서 아주 좋은 직업이에요. 노는 것을 좋아하는 어린이라면 꼭 한 번 도전해 보세요.

205

| 꼼꼼대륙 | 씩씩대륙 |

보이스랜드

목소리를 새롭게 창조하는 목소리 코치
(Voice Coach)

어떤 나라인가요

이곳은 가수나 배우, 정치인이나 기업체 사장 등 말을 많이 하는 사람에게 듣기 좋은 목소리로 말하는 방법을 가르쳐 주는 목소리 코치의 나라예요. 억양, 말하는 속도, 소리의 크기와 높낮이, 숨 쉬는 법 등을 지도해 준답니다.

이 나라에서는 무엇을 잘해야 하나요

무엇보다도 소리를 내는 발성에 대해 잘 알아야 해요. 어떻게 소리를 내야 하는지, 숨 쉬기는 어떻게 해야 하는지 등 소리를 내는 법에 대해 잘 알아야 한답니다. 이 일을 하면 많은 사람들을 만나게 되므로 새로운 사람들과 쉽게 친해질 수 있어야 해요.

이 나라는 앞으로 어떻게 발전할까요

우리 주변에는 거친 목소리나 아이 같은 목소리, 남자인데도 목소리가 여자 같아서 고민하는 사람들이 많아요. 또 배우나 가수, 정치인처럼 좋은 목소리가 필요한 사람들도 많지요. 이런 사람들이 전문가의 도움을 받으면 많은 도움이 될 거예요. 아직 우리나라에서 활동하는 목소리 코치는 많지 않지만, 앞으로는 점점 늘어날 것으로 보여요.

이 나라에 가려면 어떤 준비를 해야 하나요

노래, 웅변, 연극과 같은 공연에 참여해 보세요. 이러한 활동을 하면서 소리 내는 방법을 익히면 좋은 경험이 된답니다. 목소리 코치가 되기 위해서는 교육 기관에서 호흡하는 방법, 목소리의 크기와 높낮이, 속도, 목소리 톤 등에 대해 전문적으로 배우면 유리합니다.

도움이 되는 공부 : 음악, 국어(말하기), 사회

이 나라 사람을 만나 보세요
김정규 (깐딴때 목소리 학교 학장)

Q. 목소리 코치라는 직업의 매력과 장점은 무엇인가요?

우리나라에는 흔하지 않은 직업이라 자부심을 느낍니다. 예전에 50세의 기업인을 도와드린 적이 있는데 음성 훈련과 관리를 받은 뒤 인생이 바뀌었다며 좋아하셨습니다. 목소리 코치는 이럴 때 큰 보람을 느낀답니다. 사회에 나가면 자신의 생각을 사람들 앞에서 말해야 하는 경우가 많아집니다. 이럴 때 발음이 정확하지 못하다거나, 목소리가 좋지 못하면 어려움을 많이 겪습니다. 특히 요즘 젊은이들 가운데에는 이런 문제를 겪는 사람들이 많습니다. 앞으로 발전 가능성이 많은 직업이므로 어린이들에게 도전해 보라고 권하고 싶네요.

Q. 목소리 관리사를 꿈꾸는 어린이들에게 한 말씀 해 주세요.

목소리 코치가 되려면 발성, 발음, 표현력이 좋아야 해요. 목소리 코치를 꿈꾼다면 지금부터라도 좋은 태도로 발성과 발음과 표현력을 길러 보세요.

꼼꼼대륙 · 아이부끄러움

자신감과 용기를 심어 주는 부끄러움 컨설턴트
(Shyness Consultant)

어떤 나라인가요

이곳은 부끄러움이 많은 사람들에게 자신감을 심어 주는 나라예요. 부끄러움 컨설턴트는 작은 일에도 수줍어하는 사람들이 당당하게 사회생활을 할 수 있도록 도와준답니다.

이 나라에서는 무엇을 잘해야 하나요

수줍음을 많이 타는 사람들은 작은 일에도 겁을 먹고 포기하는 경우가 많아요. 이런 사람들에게 자신감과 당당한 태도를 심어 주려면, 사람 마음에 대한 이해와 깊이 있는 지식이 필요해요. 또 상황에 따라 어떻게 행동해야 하는지 구체적인 방법들을 알고 있어야 한답니다.

이 나라는 앞으로 어떻게 발전할까요

수줍음이 많으면 사회생활을 하는 데 어려움이 많아요. 판매원이나 승무원, 교사처럼 많은 사람들을 상대하는 직업은 꿈도 꿀 수 없지요. 이런 사람들을 돕는 부끄러움 컨설턴트의 일은 앞으로 더욱 늘어날 거예요.

이 나라에 가려면 어떤 준비를 해야 하나요

인간의 마음을 다룬 책을 많이 읽으면 좋아요. 사람의 마음에 대해서 체계적으로 공부하기 위해 대학에서 심리학을 공부하면 도움이 돼요.

도움이 되는 공부 : 국어(말하기), 사회, 영어

> 부끄러움 컨설턴트처럼 특이한 직업을 더 알고 싶어요

★ **필체 감정사**
손으로 쓴 글씨를 감정하고 평가하는 일을 해요. 필체 감정사는 필체를 분석해서 글씨를 쓴 사람이 어떤 사람인지 판단할 수 있어요.

★ **골프공 다이버**
골프장에서 골프를 치다 보면 골프공이 연못 속에 빠지는 경우가 종종 있어요. 골프공 다이버는 물속에 들어가 골프공을 꺼내서 다시 사용할 수 있게 해 준답니다.

★ **인형 의사**
팔다리가 찢어졌거나 색깔이 바래거나 벗겨진 인형을 고치는 사람이랍니다. 미국에는 인형 의사(Doll Doctor)라고 불리는 사람이 200여 명 있지요.

★ **레고 모델 제작자**
여러분도 레고를 가지고 논 적이 있을 거예요. 레고 회사에서 레고 블록으로 온갖 형태의 레고 모델을 만드는 일을 하는 사람이 레고 모델 제작자입니다.

★ **악취 감식가**
실험실에서 사람 몸에서 나는 나쁜 냄새(악취)를 전문적으로 구분하는 일을 해요. 악취를 줄이거나 막는 향수 또는 약품을 개발하기 위해서는 악취 감식가가 필요하답니다.

★ **장제사**
사람이 신발이 신듯이 말에게는 편자라는 쇠로 된 발굽이 필요해요. 이 편자를 발에 딱 맞게 만들고 관리하는 사람이 장제사예요. 취미나 운동으로 말을 타는 사람들이 많은 선진국에는 유명한 장제사들이 많답니다.

★ **밀랍 인형 제작자**
실제로 있었거나 지금도 있는 인물을 밀랍을 사용해서 인형으로 만드는 사람이랍니다. 박물관이자 전시장에 가 보면 실제 사람과 똑같이 생긴 밀랍 인형을 발견할 수 있어요.

> 부끄러움 컨설턴트만 특이한 줄 알았는데, 특이한 직업들이 정말 많네~?

| 꼼꼼대륙 | 씩씩대륙 |

슬픔딱국

슬픔이여, 안녕 비애 치료사
(Grief Therapist)

어떤 나라인가요

함께 지내던 가족이 갑작스러운 사고나 병으로 죽는다면 남은 가족의 슬픔은 매우 클 거예요. 이곳은 이렇듯 슬픔에 빠진 사람들이 찾아오는 나라예요. 슬픔에 잠긴 사람들을 위로하고 마음의 안정을 찾도록 비애 치료사가 도와줄 테니까요.

이 나라에서는 무엇을 잘해야 하나요

사람들의 슬픔을 이해하고 위로하기 위해서는 사람을 사랑하는 마음이 필요해요. 또 다른 사람의 이야기에 귀 기울일 줄 아는 태도도 필요하지요. 새로운 사람들을 만나고 사귀는 일을 즐기면 유리하답니다.

이 나라는 앞으로 어떻게 발전할까요

각종 사고나 범죄, 질병, 자살 등으로 갑작스럽게 죽음을 맞는 사람들이 많아지고 있어요. 따라서 남은 가족들이 슬픔을 이겨 내고 다시 건강한 삶을 살아갈 수 있도록 돕는 비애 치료사의 일도 더욱 늘어날 것으로 보여요.

이 나라에 가려면 어떤 준비를 해야 하나요

비애 치료사가 상대하는 사람들은 나이도 다르고 하는 일도 달라요. 그래서 여러 분야의 지식을 갖출 수 있도록 다양한 분야의 책을 읽으면 좋아요. 사람의 감정과 치료 방법에 관해 체계적으로 공부해야 하고, 대학에서 심리학을 공부하면 유리해요.

도움이 되는 공부 : 국어(말하기), 사회, 영어

> 다양한 치료사 직업에 대해 알고 싶어요

★ **물리 치료사**
의사의 진단 및 처방에 따라 환자에게 운동, 열, 전기, 광선 등의 물리적인 방법을 적용해서 신체의 장애나 통증을 줄이고 회복시키는 일을 해요.

★ **음악 치료사**
음악으로 몸이나 마음의 병에 걸린 사람들의 건강을 회복할 수 있도록 도와주는 일을 하지요.

★ **독서 치료사**
정신적 장애나 사회적 장애를 겪고 있는 사람들을 독서로 치료하는 일을 해요. 책이나 비디오, 영화 등 시각 자료를 이용해서 어려움을 겪고 있는 사람들을 진단하고 치료해요.

★ **원예 치료사**
꽃, 식물, 채소 등 원예를 활용해서 신체적, 정서적 장애를 겪고 있는 사람을 심리적으로 치료하는 일을 해요.

★ **놀이 치료사**
아동들이 갖고 있는 심리적인 문제나 발달상 문제의 원인을 놀이를 통해 밝혀내고 치유하는 일을 해요.

★ **작업 치료사**
환자의 정신적 불안이나 질환 또는 신체적 장애를 작업 훈련을 통해 치료해요. 작업 치료사는 수공예 활동, 오락 활동, 예술 치료 활동 및 산업 활동 등 다양한 치료 방법을 이용한답니다.

> 이야~ 치료사 직업의 종류도 정말 다양하구나!

꼼꼼대륙   씩씩대륙

여행신나리아

여행 도우미 여행 상담원
(Travel Counselor)

어떤 나라인가요

여행을 가고 싶다면 이 나라를 찾아가 보세요. 여행 상담원이 여러분의 여행을 책임져 줄 거예요. 여행 상담원은 국내외의 다양한 여행지와 교통편, 숙박 장소 등 여행에 대한 다양한 정보를 제공해 주지요. 휴식, 관광, 공부 등 손님이 원하는 여행 목적에 따라 알맞은 여행지로 안내해 준답니다.

이 나라에서는 무엇을 잘해야 하나요

여행지 추천뿐만 아니라, 교통편이나 숙소 예약 같은 일들도 함께 하기 때문에 이런 업무를 능숙하게 해낼 수 있어야 해요. 손님의 이야기를 듣고 적절한 여행지를 추천해 줄 수 있어야 하고요. 여행 정보를 찾고 숙소를 예약하는 일을 컴퓨터로 하는 경우가 많기 때문에 컴퓨터를 잘 다루면 좋아요.

이 나라는 앞으로 어떻게 발전할까요

생활의 여유가 생기면서 여행을 즐기는 사람들이 많아졌어요. 그래서 여행사도 많아졌고, 여행 상담원도 점점 더 늘고 있답니다.

이 나라에 가려면 어떤 준비를 해야 하나요

세계 여러 나라의 여행지를 소개하려면, 각 나라의 특징과 여행지에 대해 구체적으로 알아야 해요. 도서관이나 서점에 가서 관련된 책을 읽으면 도움이 되지요. 구체적인 계획을 세워 여행을 가 보는 것도 좋아요. 외국어 공부도 열심히 해야 해요.

도움이 되는 공부 : 사회, 국어(말하기), 영어

좀 더 알아보아요

여행 상담원이 되려면

컴퓨터 예약 방법이나 비행장 식별 코드(Airport Codes) 등을 배우는 교육 과정을 이수해야 해요. 우수한 타이핑 실력과 전화 받는 매너, 고객 관리 능력 등이 필요하지요.

이 나라 사람을 만나 보세요

신혜림 (캐나다, 오타와 세방 여행사 여행 상담원)

Q. 여행 상담원이라는 직업의 매력과 장점은 무엇인가요?

여행 상담원은 즐겁게 여행할 수 있도록 돕는 사람이에요. 여행 목적에 맞게 계획 세우는 것을 돕고, 필요한 정보를 제공하며, 여행지에 대해 궁금한 점 등을 자세히 알려 주지요. 손님이 제 도움을 받아 즐겁게 여행할 때 아주 뿌듯하답니다. 가끔 항공사에서 제공하는 특별 할인 티켓으로 저렴하게 여행할 수 있는 것도 이 직업의 장점이지요.

Q. 여행 상담원을 꿈꾸는 어린이들에게 한 말씀 해 주세요.

여행을 좋아하고 꿈꾸는 어린이라면 꼭 도전하세요. 일을 하면서 보람도 느끼고, 멋진 여행 기회도 가질 수 있으니까요.

그리고 캐나다에서 여행 상담원을 하려면 전문 여행 상담원 자격이 필요합니다. 외국에서 여행 상담원을 하고자 하는 친구들은 필요한 자격이 무엇인지 미리 알아보면 좋을 것 같네요.

 꼼꼼대륙

히스토리아

 씩씩대륙

역사 짱 역사물 해설가
(Historical Interpreter)

어떤 나라인가요

　박물관, 궁궐, 유적지에서 사람들을 모아 놓고 설명해 주는 사람을 본 적이 있지요? 이런 사람들을 역사물 해설가라고 해요. 책과 편지, 건축물, 생활 도구 등 다양한 유물에 대해 사람들에게 알기 쉽게 설명하는 일을 하지요. 역사물 해설가의 나라로 오신 것을 환영해요.

이 나라에서는 무엇을 잘해야 하나요

　우리나라 역사를 자랑스러워하고, 조상이 남긴 유물을 아끼고 보존하려는 마음이 있어야 해요. 또 해설하려는 유물에 대한 전문 지식이 필요하고요. 그리고 많은 사람들 앞에서 조리 있게 말할 수 있어야 해요.

이 나라는 앞으로 어떻게 발전할까요

　우리나라 역사에 대한 관심이 높아지면서 역사 유물이 있는 곳을 직접 찾아가서 살아 있는 역사를 체험하려는 사람들이 늘어나고 있어요. 이런 사람들이 많아질수록 역사물 해설가의 일도 점점 더 늘어날 거예요.

이 나라에 가려면 어떤 준비를 해야 하나요

　우리나라의 역사와 문화를 다룬 책을 많이 읽어야 해요. 전국에 흩어져 있는 박물관과 유적지에 가 보고, 유물의 특징에 대해 조사해 보세요. 대학에서 역사를 공부하면 유리해요.

도움이 되는 공부 : 사회, 국어, 과학, 역사

이 나라 사람을 만나 보세요

권혜운 (문화재청 문화유산 방문 교육 교사, 위례 역사 문화 연구회 소속)

Q. 역사물 해설가라는 직업의 매력과 장점은 무엇인가요?

21세기에는 모든 것이 빠르게 변하고 있지요. 하지만 역사물 해설가는 이런 시대에도 전통에 대한 생각과 고민을 잊지 않고 할 수 있는 남다른 사람들입니다. 사람들이 문화재에 대한 소양을 키울 수 있도록 도와주는 데 큰 자부심을 느낍니다. 또 역사물에 대한 설명을 들은 아이들이 제게 와서 고마움을 표시하고, 내 고장 문화재에 대해서 알게 되어 애향심이 생겼다고 말할 때 보람을 느끼곤 하지요.

Q. 역사물 해설가를 꿈꾸는 어린이들에게 한 말씀 해 주세요.

역사라는 것은 낡은 지식 같지만 알수록 흥미진진하답니다. 또 다음 세대가 이전 세대의 생활 습관 등을 계승할 수 있도록 도와주는 중요한 역할도 하지요. 역사물 해설가가 되고 싶다면 나들이 삼아서 박물관 등지에 종종 다녀볼 것을 권해요. 또 여러분이 살고 있는 지역의 유래에 대한 호기심을 가져 보는 것도 좋을 것 같네요.

꼼꼼대륙 싸이레니아 / 씩씩대륙

생명을 구하는 응급 구조사
(Emergency Medical Technician)

어떤 나라인가요

삐뽀삐뽀 소리를 내며 빠르게 달리는 구급차를 본 적 있나요? 아픈 사람에게 응급 처치를 하고 병원으로 옮겨서 생명을 구하는 일을 하는 사람을 응급 구조사라고 해요. 이곳은 응급 구조사의 나라랍니다.

이 나라에서는 무엇을 잘해야 하나요

생명을 귀하게 여기는 마음이 필요해요. 소방서 구급 대원의 경우에는 구조 활동도 함께 해야 하므로 위험한 상황에서도 흔들리지 않고 올바른 판단을 내릴 수 있어야 합니다.

이 나라는 앞으로 어떻게 발전할까요

사회가 복잡해지면서 교통 사고나 화재 등 각종 사고가 많이 발생하고 있어요. 또 지구 온난화가 심각해지면서 폭설, 한파, 홍수 등의 자연 재해도 많이 일어나고 있고요. 불행한 일이지만, 앞으로 응급 구조사가 할 일은 적지 않을 거예요.

이 나라에 가려면 어떤 준비를 해야 하나요

내가 건강해야 남을 구할 수 있으므로, 무엇보다 몸이 건강해야 해요. 한두 가지 운동을 정해서 꾸준히 하면 튼튼한 몸을 만드는 데 도움이 된답니다. 그리고 위급한 환자를 돌보려면 기초적인 의학 지식이 필요해요. 응급 구조사로 활동하려면 대학에서 응급 구조학을 공부하고 시험에 통과해야 한답니다.

도움이 되는 공부 : 과학, 체육, 사회

좀 더 알아보아요

응급 구조사가 되려면

대학에서 응급 구조학을 공부하거나 보건 복지 가족부에서 지정한 곳에서 응급 구조사 과정을 공부한 뒤, 국가 시험원의 응급 구조사 국가 자격 시험에 합격해서 자격증을 따야 해요. 응급 구조사는 소방서의 구급 대원, 병원의 구급차 관리자 등의 일을 한답니다.

이 나라 사람을 만나 보세요

김학희 (호주, 레이징 썬더 응급 구조사)

Q. 응급 구조사라는 직업의 매력과 장점은 무엇인가요?

사람은 늘 사고의 위험을 안고 살아갑니다. 응급 구조사는 사고를 당한 사람에게 응급 처치를 해서 생명을 구할 수 있도록 돕습니다. 응급 처치로 목숨을 구한 사람을 볼 때면 이 일에 보람을 느낀답니다. 또 가족이나 친구 같은 주변 사람에게 응급 상황이 발생했을 때 빨리 도울 수 있어서 좋아요.

Q. 응급 구조사를 꿈꾸는 어린이들에게 한 말씀 해 주세요.

사람의 생명을 다루는 일이므로, 응급 구조사로서의 사명감이 필요합니다. 평소 텔레비전에서 하는 의학 프로그램 같은 것도 눈여겨 보면 좋겠어요. 구조할 때 쓰는 용어는 평소에 쓰는 용어와 많이 다른데, 그런 용어를 익히는 데 도움이 되거든요.

 꼼꼼대륙 씩씩대륙

명복빌리아

마지막 가는 길, 편안하게 장례 지도사
(Funeral Director)

어떤 나라인가요

이곳은 죽은 사람을 아름답게 보내 드리는 나라예요. 장례 지도사의 나라거든요. 죽은 사람을 기리는 의식을 치르고, 땅에 묻거나 화장하는 일을 하지요. 이런 모든 일을 관리하는 사람을 장례 지도사라고 해요. 장례 지도사는 장례 절차를 이끌고 남아 있는 가족들을 위로하는 일도 한답니다.

이 나라에서는 무엇을 잘해야 하나요

가족을 잃은 사람들을 위로하고 따뜻하게 대할 수 있어야 해요. 또 힘들어하는 가족들을 대신해서 장례의 모든 과정을 책임지고 처리해야 합니다. 무엇보다 자신이 하고 있는 일에 대해 보람을 느끼고 자랑스러워할 수 있어야 해요.

이 나라는 앞으로 어떻게 발전할까요

핵가족이 늘어나면서 장례 절차를 전문가에게 맡기는 일이 많아지고 있어요. 대학에서 장례 지도사를 전문적으로 양성할 만큼 장례 지도사의 사회적 위치가 높아지고 있답니다.

이 나라에 가려면 어떤 준비를 해야 하나요

종교에 따라 장례를 치르는 방식이 다르기 때문에 기독교, 가톨릭, 불교 등 여러 종교의 특성에 대해 공부해야 해요. 종교에 따라서 장례가 어떻게 다른지 조사해 보세요.

도움이 되는 공부 : 과학, 사회, 국어, 역사

좀 더 알아보아요

관련 취득 자격증
- ▶ **국가 자격** : 사회 복지사 2급
- ▶ **민간 자격** : 장례 지도사, 시신 위생 처리사, 케어 복지사, 노인 복지사, 죽음 준비 교육 지도사, 실천 예절 지도사, 풍수 지리사, 명리 상담사, 수맥 상담사

이 나라 사람을 만나 보세요

김기호 (미국, 뉴저지 김기호 예의원 대표)

Q. 장례 지도사라는 직업의 매력과 장점은 무엇인가요?

사실 이 직업은 많은 사람들이 싫어하는 직업 가운데 하나예요. 죽음과 관련되어 있기 때문이지요. 하지만 저는 이 일을 하면서 많은 보람을 느낀답니다. 장례를 마치고 나면 저에게 장례를 맡긴 분들이 고맙다고 인사를 하시거든요. 돈을 받으면서 고맙다는 인사까지 들을 수 있는 직업은 흔하지 않지요.

장례 지도사는 장례를 마친 뒤 상담을 해 주기도 해요. 가까운 사람의 죽음을 겪고 슬퍼하는 가족들의 이야기를 들어 주고, 앞으로 어떻게 해야 하는지 조언해 주면서 큰 보람을 느끼지요. 요즘은 한국에서도 이 직업의 인기가 많이 올라가고 있는 것으로 알고 있어요.

Q. 장례 지도사를 꿈꾸는 어린이들에게 한 말씀 해 주세요.

남들이 하지 않는 일을 한다는 자부심을 느낄 수 있어요. 또 사람들의 죽음을 통해 어떻게 사는 것이 참다운 삶인지 깨닫고 성실하고 건강한 삶을 살 수 있지요. 특히 미국에서는 많은 돈을 벌 수 있는 직업이기 때문에 도전해 볼 만한 직업이란 생각이 들어요.

꼼꼼대륙 / 씩씩대륙

돈불리아

부자로 만들어 드립니다 재정 상담가
(Financial Counselor)

어떤 나라인가요

열심히 일해서 번 돈을 어떻게 하면 불릴 수 있을까요? 아끼고 절약하면 돈이 쑥쑥 불어 날까요? 아니에요. 적절한 투자와 관리가 필요하지요. 손님의 재산 상태를 파악해서 돈을 어떻게 관리할지, 어디에 투자하면 좋을지 알려 주는 재정 상담가의 나라에 오신 것을 환영합니다!

이 나라에서는 무엇을 잘해야 하나요

경제에 대해 잘 알아야 해요. 앞으로 경제 상황이 어떻게 바뀌느냐에 따라 투자 방법이 달라지기 때문이에요. 경제와 관련된 법에 대해서도 잘 알고 있어야 하고요. 돈과 관련된 일이기 때문에 정직해야 한답니다.

이 나라는 앞으로 어떻게 발전할까요

재테크에 대한 관심이 높아지면서 재정 상담을 받는 사람들이 많아지고 있어요. 현재는 은행이나 보험 회사 등의 금융 기관에 소속되어 일하는 사람이 많지만, 앞으로는 고객에게 적당한 돈을 받고 개인적으로 재정 상담을 해 주는 사람이 늘어날 것으로 보여요.

이 나라에 가려면 어떤 준비를 해야 하나요

경제에 대해 관심이 많아야 해요. 신문과 뉴스의 경제 기사를 관심 있게 보고, 앞으로 어떻게 발전할지 예측해 보세요. 대학에서 경영학이나 경제학을 공부하면 유리하답니다.

도움이 되는 공부 : 수학, 사회, 국어, 경제

이 나라 사람을 만나 보세요

김경태 (캐나다, KeyBase 파이낸셜 그룹 재정 투자 상담가)

Q. 재정 상담가라는 직업의 매력과 장점은 무엇인가요?

재정 상담가가 하는 일은 매우 다양합니다. 고객의 재산을 관리해 주는 일을 하는데, 고객의 상황에 따라 투자, 세금, 상속 등 상담해 주는 분야가 다 다르답니다. 저는 주로 재산을 관리하는 방법을 알려 줍니다. 정보와 방법을 몰라서 어려움을 겪는 사람들을 도와줄 때나 고객이 만족을 느낄 때 큰 보람을 느낀답니다.

Q. 재정 상담사를 꿈꾸는 어린이들에게 한 말씀 해 주세요.

재정 상담가는 상당히 많은 지식을 가지고 있어야 합니다. 경제적인 부분뿐만 아니라 세금, 관련법 등 많은 부분을 잘 알고 있어야 하지요. 거의 만물박사에 가까워야 한다고 볼 수 있어요. 따라서 고객에게 만족스러운 상담을 해 주려면 열심히 공부해야 합니다. 늘 성실하게 공부하는 자세를 잃지 마세요.

꼼꼼대륙 / 씩씩대륙

호호딴따리아

마음을 치료하는 춤 치료사
(Dance Therapist)

어떤 나라인가요

이곳은 신나는 춤을 추면서 병든 몸과 마음을 고치는 춤 치료사의 나라예요. 직장이나 가정 문제로 힘든 처지에 있는 사람들도 춤을 추면서 마음을 추스릴 수 있어요. 춤 치료사는 춤으로 환자의 몸과 마음을 치료하는 사람이랍니다. 병원, 복지관, 학교 등에서 일하지요.

컴퓨터가 떨기를 유혹하면 생각하지 말고 즐겁게 몸을 흔들어 춤을 춰봐!

이 나라에서는 무엇을 잘해야 하나요

마음이 아픈 사람들을 이해할 줄 알아야 해요. 춤으로 어려움을 훌훌 털어낼 수 있도록 옆에서 도와주어야 합니다. 무용가 수준은 아니더라도, 어느 정도의 춤 실력은 갖추어야 하지요.

이 나라는 앞으로 어떻게 발전할까요

음악에 맞추어 몸을 움직이는 춤은 우리 몸과 마음을 편안하게 해 준답니다. 신나게 춤을 추면서 스트레스를 날려 버리고, 건강한 몸과 마음을 갖게 해 주는 춤 치료에 대한 관심이 점점 더 높아지고 있어요. 따라서 춤 치료사를 찾는 사람은 앞으로 더욱 늘어날 것으로 보여요.

이 나라에 가려면 어떤 준비를 해야 하나요

춤에 대해 관심이 많아야 해요. 여러 가지 춤을 배워 보고, 친구들이나 가족들 앞에서 공연해 보세요. 춤 치료사가 되려면 춤 치료에 대해 전문적으로 공부해야 해요.

도움이 되는 공부 : 음악, 체육, 과학, 무용

미리 가 볼 수 있어요

기관	홈페이지	소개
춤 테라피 학회	www.dancetherapy.or.kr	춤 치료사 교육 프로그램 및 학술 행사에 대한 안내를 받을 수 있어요.
한국 표현 예술 심리 치료 협회	www.keapa.or.kr	표현 예술 심리 치료에 대한 교육 과정 및 자격증에 대한 소개를 받을 수 있어요.

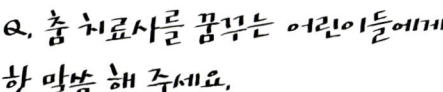

이 나라 사람을 만나 보세요
박선희 (영국, 무용가 겸 춤 치료사)

Q. 춤 치료사라는 직업의 매력과 장점은 무엇인가요?

카운슬러 혹은 정신 치료사라는 직업을 알고 있나요? 마음을 치료해 주는 사람들을 가리키지요. 춤 치료사 또한 마음을 치료해 주는 사람으로, 깊은 곳에 숨겨 두었던 마음을 춤이나 움직임으로 표현하게 해서 치료하는 사람을 말합니다. 이렇게 사람의 아픔을 아름다운 춤으로 치료하는 직업이라는 점에서 춤 치료사는 매우 매력적인 직업이랍니다. 자신은 물론 다른 사람의 몸과 마음에 행복을 전해 주는 신비로운 직업이지요.

Q. 춤 치료사를 꿈꾸는 어린이들에게 한 말씀 해 주세요.

춤 치료사가 되려면 춤을 좋아해야 합니다. 또한 춤과 움직임을 통해 마음이 어떻게 아픈가 알아내고 치료하기 위해서는 정신 및 심리 치료학을 공부해야 합니다. 춤 치료사에 관심이 있다면 한국 댄스 테라피 협회의 어린이를 위한 춤 테라피 같은 곳에 참석해서 직접 춤 치료를 경험해 보세요.

꼼꼼대륙
덴탈란드

씩씩대륙

입 속 건강을 책임지는 치과 위생사
(Dental Hygienist)

어떤 나라인가요

건강한 이를 가지고 싶다면 이 나라로 오세요. 치과 위생사가 여러분의 입 속 건강을 책임질 거예요. 치과 위생사는 치과 의사의 감독 아래 이와 입 속의 병을 관리하고 예방할 수 있도록 도움을 주는 사람이에요. 치과, 종합 병원, 보건소 등에서 치아와 입 속의 건강을 진료하고 치료하는 데 도움을 주고 있어요.

이 나라에서는 무엇을 잘해야 하나요

치아 건강과 치료에 대한 전문적인 지식을 갖추어야 해요. 병원을 찾는 사람들 가운데에는 상태가 심각한 사람들도 많기 때문에 이런 사람들의 마음을 헤아릴 수 있어야 하지요. 또 치과를 무서워하는 어린아이들에게 친근하게 다가갈 수 있어야 해요.

이 나라는 앞으로 어떻게 발전할까요

많은 사람들이 치아 건강의 중요성을 깨닫고 정기적으로 치아를 검사하고 관리하고 있어요. 또 노인 인구가 늘어나면서 치과 치료를 받는 사람들이 늘고 있어요. 앞으로 치과나 종합병원 등에서 활동하는 치과 위생사는 더욱 많아질 것으로 보여요.

이 나라에 가려면 어떤 준비를 해야 하나요

치아를 관리하는 데 관심을 가져야 해요. 치과 위생사가 되려면 대학에서 치과 위생학을 전공하고 치과 위생사 시험에 합격해야 해요.

도움이 되는 공부 : 과학, 국어, 사회, 의학

미리 가 볼 수 있어요

기관	홈페이지	소개
대한 치과 위생사 협회	www.kdha.or.kr	치위 협보 및 논문 목록을 볼 수 있어요.
한국 보건 치과 위생사회	www.kdphs.org	구강 관리 관련 각종 자료 및 관련 사이트에 대한 소개가 있어요.

이 나라 사람을 만나 보세요

김보경 (비앤에이 치과, 치과 위생사)

Q. 치과 위생사라는 직업의 매력과 장점은 무엇인가요?

환자의 치아 문제를 같이 고민하고 환자가 올바른 결정을 할 수 있도록 전문가적 지식을 환자에게 전달해 줌으로써, 환자가 건강한 치아를 간직할 수 있도록 도와주는 의미 있는 직업이라고 할 수 있어요. 갑자기 이가 아프거나 치아에 문제가 생겨서 걱정하던 환자가 제 의견을 듣고 치료받은 뒤, 건강하고 예쁜 치아를 드러내고 활짝 웃는 모습을 보면 제 마음도 정말 기쁘답니다.

Q. 치과 위생사를 꿈꾸는 어린이들에게 한 말씀 해 주세요.

치과 위생사가 되려면 치과 상식과 전문적인 지식이 많이 필요하고, 이것을 환자에게 알아듣기 쉽게 전달해야 하므로 대화 기술 또한 필요해요. 하지만 무엇보다 환자들을 이해하고 사랑하는 마음이 가장 중요하답니다.

글로벌 시대를 맞아 치과 위생사가 외국에 나가서 역량을 펼 기회가 많아진 만큼, 치과 위생사가 되고 싶다면 현재의 위치에서 열심히 공부하면서 평소에 다른 사람의 이야기를 잘 귀담아 잘 듣고 마음을 헤아리는 습관을 들여 두도록 하세요.

꼼꼼대륙 / 씩씩대륙

허리가시원국

허리 아픈 사람 모여라 카이로프랙터
(Chiropractor)

어떤 나라인가요
이곳은 카이로프랙터에게 지압 서비스를 받을 수 있는 나라예요. 카이로프랙터는 환자의 몸을 손가락 등으로 누르거나 주물러서 아픈 사람을 치료하는 사람이거든요. 손가락으로 누르거나 주무르면 몸속의 피가 순조롭게 돌아 질병을 치료하고 건강을 유지하는 데 도움이 됩니다.

이 나라에서는 무엇을 잘해야 하나요
아픈 사람을 진심으로 사랑하는 마음이 있어야 해요. 그리고 다른 사람의 이야기를 잘 듣고 이해할 수 있어야 해요. 자신의 손을 사용해서 다른 사람에게 도움을 주려면 자기 자신이 건강해야 해요.

이 나라는 앞으로 어떻게 발전할까요
몸이 아프면 병원에 가서 치료를 받아야 합니다. 카이로프랙터나 침과 뜸으로 치료를 하는 침구사는 평상시 건강을 유지해 주는 일을 해서 환영받고 있어요. 또 오랜 역사를 가진 치료법이어서 수많은 사람들이 이용해 왔으며, 앞으로도 더욱 발전할 것으로 보여요.

이 나라에 가려면 어떤 준비를 해야 하나요
평상시 운동을 꾸준히 해서 건강한 몸을 갖추고 있어야 해요. 그리고 우리 몸에 대해 체계적으로 공부해야 해요. 인터넷에서 기초적인 지압법을 배울 수 있지요. 우리 몸의 신경 체계, 피의 순환, 뼈의 구조 등에 대해 잘 알고 있어야 해요.

도움이 되는 공부 : 과학, 체육, 국어

좀 더 알아보아요

카이로프랙터의 어원

척추 신경 전문의로 불리는 카이로프랙터(chiropractor)의 어원은 그리스 어로 'chiropraktikos' 랍니다. '손으로 하는 효과적인 치료' 란 뜻이지요.

이 나라 사람을 만나 보세요

이병찬 (미국, 에이스 카이로프랙틱 카이로프랙터)

Q. 카이로프랙터라는 직업의 매력과 장점은 무엇인가요?

신경은 뇌가 우리 몸 구석구석을 관리하도록 연결해 주는 통로입니다. 척추가 비뚤어지면 신경을 누르게 되고 신경에 이상이 생깁니다. 그러면 뇌가 우리 몸을 관리하기 힘들어져서 몸이 아파지지요. 카이로프랙터는 약이나 주사, 수술을 하지 않고 손으로 비뚤어진 척추를 바로잡아 줍니다. 그러면 신경도 원래대로 회복되고 아픈 것도 사라지죠. 비용도 적게 들고 시간도 많이 걸리지 않아요. 카이로프랙터가 정기적으로 척추를 검사해서 비뚤어지는 것을 예방해 주면 항상 건강하게 생활할 수 있답니다. 이렇게 카이로프랙터는 허리가 아픈 사람들을 치료하거나, 척추 질병을 예방할 수 있도록 돕는 사람입니다. 많은 사람들을 도울 수 있는 무척 보람된 직업이랍니다.

Q. 카이로프랙터를 꿈꾸는 어린이들에게 한 말씀 해 주세요.

친구들의 자세를 유심히 살펴보면, 자세가 좋은 친구와 그렇지 않은 친구들이 있을 거예요. 자세가 바르지 못한 친구들 가운데에서 허리가 아프다가 다리가 저리다고 하는 친구들이 있지 않나요? 이런 친구들에게 바른 자세의 중요성에 대해 이야기해 주세요. 그리고 평소에 바른 자세로 생활하는 것을 잊지 마세요.

직업 선생님 커리어 코치
(Career Coach)

어떤 나라인가요

어떤 직업을 가져야 할지 잘 모르겠다고요? 그렇다면 커리어 코치의 나라로 오세요. 여러 가지 직업을 소개해 주고, 내 적성과 흥미에 맞는 직업을 찾는 데 도움을 주는 사람이 커리어 코치예요. 커리어 코치는 직업에 대한 평생 계획을 세워서 만족스럽게 일할 수 있도록 도와주지요. 또 직업을 바꾸려는 사람들에게 조언도 해 준답니다.

이 나라에서는 무엇을 잘해야 하나요

직업의 종류, 보수, 직업과 관련된 법률이나 앞으로 유망한 직업 등 직업에 대한 전문 지식이 필요해요. 직업 때문에 고민하는 사람들에게 친근하게 다가갈 수 있도록 사교성도 필요하고, 알맞은 직업을 추천할 수 있는 상담 능력도 필요하답니다.

이 나라는 앞으로 어떻게 발전할까요

운동 선수는 코치가 있어서 체계적으로 운동할 수 있어요. 마찬가지로 직업을 안내해 주는 커리어 코치를 만나면 나에게 맞는 직업을 찾아 즐겁게 일할 수 있답니다.

이 나라에 가려면 어떤 준비를 해야 하나요

다양한 직업에 대한 공부가 필요해요. 또 미래의 유망한 직업을 소개하려면 사회가 어떻게 변할지 예측할 수 있어야 하고, 외국에 어떤 직업들이 있는지도 잘 알아야 한답니다.

도움이 되는 공부 : 사회, 국어(말하기), 영어

이 나라 사람을 만나 보세요

강보영 (커리어스마트 대표)

Q. 커리어 코치라는 직업의 매력과 장점은 무엇인가요?

어린이, 청소년, 심지어 사회에 첫발을 내딛는 사람들도 진로 교육을 제대로 받지 못한 경우가 많아요. 그래서 직업을 찾을 때 어려움을 겪게 돼지요. 커리어 코치는 과학적 프로그램과 전문성으로 어떤 직업이 잘 맞는지, 앞으로 유망한 직업이 무엇인지 찾아 주는 일을 해요. 사람들에게 도움을 주는 보람된 직업이지요.

Q. 커리어 코치를 꿈꾸는 어린이들에게 한 말씀 해 주세요.

커리어 코치는 상대방의 어려움을 잘 이해할 수 있어야 하며, 도움을 주려는 마음이 필요한 직업이에요. 다양한 경험을 쌓고, 늘 열린 마음을 가지려고 노력해 보세요. 커리어 코치가 되는 데 큰 도움이 될 거예요. 또 경영학이나 심리학을 공부하면 커리어 코치가 하는 일을 이해하는 데 도움이 된답니다.

장애인의 등불 특수 교사
(Special Education Teacher)

어떤 나라인가요

특수 교사는 몸이나 지능에 문제가 있는 사람들에게 특수 교육을 하는 선생님이에요. 눈이 보이지 않거나 귀가 들리지 않는 사람들을 위한 특수 학교나 일반 학교의 장애인 특수 학급에서 아이들을 가르친답니다.

이 나라에서는 무엇을 잘해야 하나요

장애가 있는 아이들을 사랑하고 이들을 도우려는 마음가짐이 필요해요. 수업을 하다가 여러 가지 일이 벌어질 수 있기 때문에, 어떤 상황에서도 침착하게 문제를 해결할 수 있는 능력이 필요하지요.

이 나라는 앞으로 어떻게 발전할까요

우리나라에서는 아직 장애인 교육에 대한 인식이 부족한 편이에요. 하지만 사회적으로 관심이 높아지고 있고, 나라에서도 많은 지원을 하고 있답니다. 따라서 앞으로 더 많은 특수 교사들이 장애를 가진 아이들을 위해서 일할 것으로 보여요.

이 나라에 가려면 어떤 준비를 해야 하나요

보육원, 양로원 등의 시설에서 봉사 활동을 해 보는 것이 좋아요. 이런 활동을 함으로써 장애인에 대한 편견을 없앨 수 있고, 가까이 다가갈 수 있거든요. 특수 교사가 되려면 대학에서 특수 교육을 공부하고 시험을 봐서 특수 교육 교사 자격을 얻어야 해요.

도움이 되는 공부 : 국어, 사회, 체육, 말하기

미리 가 볼 수 있어요

기관	홈페이지	소개
전국 장애 아동 지원 교사 협의회	www.tsori.kr	특수 교사에 대한 정보 및 교육 방법 자료를 볼 수 있어요.
참 특수 교육	www.simdoly.com	특수, 대안 교육 등 교육 활용 자료를 볼 수 있어요.

이 나라 사람을 만나 보세요

장경혜 (미국, 한미 특수 교육 센터 특수 교사)

Q. 특수 교사라는 직업의 매력과 장점은 무엇인가요?

장애를 가진 사람들도 살아가는 데 꼭 필요한 활동은 배워야 합니다. 혼자서는 밥을 먹지 못하던 아이가 스스로 식사를 할 수 있게 되고, 자폐증에 걸려 사람을 피하던 아이가 스스로 선생님에게 다가올 때의 뿌듯함은 이루 말할 수 없지요. 이렇게 아이들이 조금씩 변화하는 것을 볼 때마다 큰 보람을 느낀답니다.

Q. 특수 교사를 꿈꾸는 어린이들에게 한 말씀 해 주세요.

특수 교사는 무척 힘든 직업입니다. 어려운 사람을 도우려는 마음과 이를 즐기는 태도가 있어야 가능한 직업이지요. 또 인내심도 필요하고요. 장애인을 나와 같은 사람으로 대하고, 장애인의 눈높이에 맞추어 사물을 바라보려고 노력해야 합니다.

특수 교사가 되고 싶다면 장애를 가진 사람과 친구가 되거나, 장애인 시설에서 봉사 활동을 해 보세요. 장애인에 대한 편견을 없앨 수 있고, 특수 교사가 왜 필요한지 깨닫게 될 거예요.

꼼꼼대륙 · 예쁜피부가꿈

씩씩대륙

예뻐지고 싶으면 오세요 피부 관리사 (Aesthetician)

어떤 나라인가요

엄마가 얼굴에 마사지하시는 것을 본 적 있나요? 이곳은 사람들의 피부를 손질하고 마사지하는 피부 관리사의 나라랍니다. 손님의 피부에 어떤 문제가 있고, 손님이 원하는 서비스가 무엇인지 알아내어 피부를 가꾸는 일을 하지요.

이 나라에서는 무엇을 잘해야 하나요

피부 미용과 화장품, 마사지에 대한 전문 지식이 필요해요. 상냥하고 친절한 태도로 손님을 대하는 것은 기본이고요.

이 나라는 앞으로 어떻게 발전할까요

생활 수준이 높아지면서 외모를 가꾸는 사람들이 늘어나고 있어요. 요즘에는 피부과나 피부 관리실을 찾는 남자도 부쩍 많아졌답니다. 앞으로는 피부 관리를 받는 사람들이 더 많아질 거예요.

이 나라에 가려면 어떤 준비를 해야 하나요

피부 미용에 대한 전문 지식이 필요해요. 전문 대학에서 피부 관리학을 공부하거나, 전문 학원에서 피부 관리법을 배우면 유리하지요. 피부 관리사로 일하려면 자격 시험에 통과해야 하므로 공부를 열심히 해야 한답니다.

도움이 되는 공부 : 과학, 국어, 사회, 미용

미리 가 볼 수 있어요

기관	홈페이지	소개
한국 피부 미용 관리사 협회	www.estheticassn.com	피부 미용사 인정 시험에 관한 정보와 학술 세미나 및 박람회 안내를 받을 수 있어요.
한국 피부 미용 연구학회	www.acti.or.kr	각종 세미나 및 피부 미용 관리사 및 자격 시험에 관한 안내를 받을 수 있어요.

이 나라 사람을 만나 보세요

임상란 (미국, Skin and Beyond 대표)

Q. 피부 관리사라는 직업의 매력과 장점은 무엇인가요?

남의 지시를 받지 않고 자유롭게 일할 수 있다는 것이 이 직업의 가장 큰 장점이에요. 보통 회사에서는 윗사람의 지시를 받고 따라야 하잖아요. 하지만 피부 관리사는 분위기 좋은 음악을 틀어 놓고 손님과 대화하면서 즐겁게 일할 수 있답니다. 또 피부 관리를 받고 점점 예뻐지는 손님을 볼 때면 매우 보람이 있답니다.

Q. 피부 관리사를 꿈꾸는 어린이들에게 한 말씀 해 주세요.

미국에서 피부 관리사로 일하려면 의학적 지식과 관련 규정을 잘 알아야 해요. 미국은 피부 관리사에 대한 규정이 엄격해서 신체 부위 별로 필요한 자격증이 다 다르고 그 규정을 꼭 지켜야 하거든요. 이러한 규정 때문에 손님이 원한다고 해서 모든 것을 다 해 줄 수는 없답니다. 하지만 덕분에 손님들에게 더 안전하고 엄격한 관리를 제공할 수 있지요. 평소에 아름다움에 관심이 많은 친구라면 도전해 보라고 이야기하고 싶네요.

다음 여행을 떠나기 전에 잠시 쉬어 가요!

가장 마음에 들었던 직업은 무엇인가요?

무엇을 보았나요?

무엇을 느꼈나요?

펀펀대륙 곰곰대륙

인터넷 검색이나 관련 홈페이지를 방문하여 가장 마음에 들었던 직업에 대해 좀 더 알아보아요. 알게 된 내용은 정리해 두면 더 좋겠지요.

더 알게 된 내용을 적어 보세요.

당당대륙

여기가 끝이냐고? 천만에 말씀! 재미있는 직업 이야기는 계속된다고! 쭈~욱!

친친대륙

별별직업

이색 직업 대탐험

자, 드디어 6개 직업 대륙 100개 직업 나라의 여행이 모두 끝났어요.
찾아보면 찾아볼수록 세상에는 정말 재미있고 신기한 직업들이 많이 있네요.
여러분은 어떤 직업이 가장 마음에 들었나요?
좀 더 특별하고 톡톡 튀는 직업을 원한다고요?
그렇다면 이제부터 소개하는 직업들을 눈여겨보세요.
다른 직업들에 비해 아직 생긴 역사가 길지도 않고,
많은 사람들에게 알려지지도 않았지만,
자신만의 개성을 잘 나타낼 수 있는 직업을 가지고 싶어
하는 어린이들에게 분명 도움이 될 거예요.

- ★ 다이어트 프로그래머
- ★ 두피 모발 관리사
- ★ 미스터리 샤퍼
- ★ 입학사정관
- ★ 아트워크 매니저
- ★ 애견 브리더
- ★ 운항 관리사
- ★ 과학 수사 요원(CSI)
- ★ 커뮤니티 가드너

- ★ 나무 치료사
- ★ 만화가 매니저
- ★ 벨소리 작곡가
- ★ 설탕 공예가
- ★ 애완동물 장의사
- ★ 예술 제본가
- ★ 의학 삽화가
- ★ 캘리그라퍼
- ★ 호텔 컨시어지

별별직업

다이어트 프로그래머

🐶 어떤 일을 하나요

다이어트 프로그래머는 비만을 예방, 치료하도록 도와주는 사람이에요. 사람들의 체형과 체질을 분석해서 비만 정도를 측정하고, 체계적인 다이어트 프로그램을 수행할 수 있도록 운동 요법, 식이 요법 등 여러 가지 프로그램을 지도해 주는 코치 역할을 하지요. 다이어트 과정에서 생길 수 있는 문제점도 같이 해결해준답니다.

🐶 무엇을 잘해야 하나요

인체와 영양학에 대한 폭넓은 지식이 있어야 하므로 공부를 열심히 해야 해요. 체중이라는 민감한 요인을 다루기 때문에 다이어트 및 비만으로 상처받은 사람들을 따뜻하게 감싸안을 줄도 알아야 한답니다.

🐶 앞으로 어떻게 발전할까요

건강과 몸매에 관심을 가지는 사람이 늘어나고 있으므로 다이어트 프로그래머의 수도 계속 늘어날 것으로 보여요. 요즘에는 여성뿐 아니라 남성도 체형 관리실을 많이 찾고 있답니다.

나무 치료사

🐾 어떤 일을 하나요

각종 나무들을 수시로 돌아보고, 나무가 병들지 않았는지 점검하고 관리하는 일을 해요. 나무가 병에 걸렸을 때에는 병을 진단해서 치료해 주고, 필요에 따라 각종 영양제를 공급하기도 해요. 나무가 병에 걸리면 썩은 부위를 잘라내고, 우레탄 등의 인공 수지로 연결해 주는 등의 수술도 한답니다.

🐾 무엇을 잘해야 하나요

나무의 중요성을 항상 잊지 않고, 나무를 아끼고 사랑할 줄 알아야 해요. 나무의 색깔과 모양만으로도 상태를 파악하고 치료해 줄 수 있어야 하므로 꼼꼼하고 세심한 관찰력도 있어야 하구요. 나무를 치료하고 관리하려면 자주 출장을 가야 하므로 활동적인 성격을 가진 사람에게 유리하답니다.

🐾 앞으로 어떻게 발전할까요

대기 오염이 날로 심각해지면서 공기를 정화시키는 역할을 하는 나무에 대한 관심이 커지고 있어요. 나무가 크게 자라기 위해서는 많은 시간이 필요한 만큼 심은 나무가 병들지 않도록 미리 잘 관리하는 일과 병든 나무를 잘 치료해주는 일은 무척 중요하지요. 그래서 나무 치료사에 대한 관심 또한 많아지고 있답니다.

별별직업

두피 모발 관리사

🐾 어떤 일을 하나요

스트레스 많은 사회생활과 집안일 등으로 요즘 들어 탈모나 두발 손상을 고민하는 사람이 늘어나고 있어요. 두피 모발 관리사는 머리카락이 빠지는 탈모 증세뿐 아니라 비듬, 가려움증과 같은 두피 질환, 모발 손상 등에 대해 상담해주고, 더 이상 증세가 나빠지지 않도록 모발을 관리해 주는 일을 한답니다.

🐾 무엇을 잘해야 하나요

개개인의 두피 상태를 체크하고 마사지나 특수 제품, 전문 기기 등을 통해 일정 기간 집중적으로 관리해 주어야 하므로 관련 분야에 대한 전문적인 지식과 기술이 필요해요. 다양한 계층의 고객을 상대해야 하므로 사교성이 좋아야 하고, 모든 사람에게 친근하게 대할 수 있어야 하므로 성격도 활발해야 하지요.

🐾 앞으로 어떻게 발전할까요

스트레스와 오염된 주위 환경, 자주 바꾸는 헤어 스타일 때문에 탈모 및 두피 질환이 생기는 사람들이 점점 늘고 있어요. 또한 취업 면접 등에서 첫인상이나 외모가 중요하게 여겨지고 있는 만큼 외모와 이미지 관리에 대한 관심도 높아지고 있고요. 따라서 두피 모발 관리사의 수요 또한 더욱 늘어나게 될 거예요.

만화가 매니저

🐾 어떤 일을 하나요

　만화가가 만화를 그리는 일에만 몰두할 수 있도록 만화가의 작품을 출판하는 출판사와 만화가 사이의 의견을 조정하는 일을 해요. 작품 속 캐릭터를 상품화하기 위해 여러 사업체와 협의를 하기도 하고요. 또 잡지사나 신문사 등 매체에서 요청하는 인터뷰 일정 등 만화가의 스케줄을 관리하는 역할도 한답니다.

🐾 무엇을 잘해야 하나요

　출판사와 만화가의 입장은 서로 다르므로 양쪽의 입장과 생각을 잘 이해하고 조정해줄 줄 알아야 해요. 만화가의 일정을 잘 정리해서 관리해야 하므로 말을 조리 있게 잘 전달할 수 있어야 하구요. 즉, 설득력과 협상력이 있어야 하지요.

🐾 앞으로 어떻게 발전할까요

　앞으로의 캐릭터 사업은 확실한 부가가치를 인정받을 수 있는 사업이에요. 따라서 보다 나은 캐릭터를 연구하는 등 만화를 그리는 일에 더욱 열중하기 위해, 만화가들은 의견 조율 및 협의, 스케줄 관리 등을 대신 해 줄 수 있는 매니저를 더욱 많이 필요로 하게 될 거예요.

별별직업

미스터리 샤퍼

🐾 어떤 일을 하나요

매장을 방문하기 전에 매장의 환경이나 직원 수, 판매 제품 등에 대한 정보를 미리 알아둔 뒤, 손님인 척하고 방문해서 서비스의 질과 점원의 친절한 정도, 판매 기술, 매장의 분위기 등을 평가하는 일을 해요. 그리고 고쳐야 할 점을 기업에 제안하는 일도 한답니다.

🐾 무엇을 잘해야 하나요

객관성을 유지하기 위해 힘쓰는 것이 중요해요. 자신의 평가로 판매 직원들이 불이익을 당할 수도 있다는 죄책감 때문에 정확한 평가를 내리지 못하면 안 되거든요. 또한 세심해야 하고, 활발한 성격일수록 좋답니다.

🐾 앞으로 어떻게 발전할까요

현재 국내에서 활동하고 있는 미스터리 샤퍼는 400~500명 정도예요. 미스터리 샤퍼를 필요로 하는 기업들이 늘어나는 것에 비하면 부족한 편이지요. 이미 선진국에서는 미스터리 샤퍼가 활성화되어 있는 만큼, 우리나라에서도 전문적인 미스터리 샤퍼의 역할은 앞으로 더욱 커질 거예요.

벨소리 작곡가

어떤 일을 하나요

라디오를 듣거나 텔레비전을 보며 유행할 것 같은 음악을 휴대 전화 벨소리로 만드는 일을 해요.

무엇을 잘해야 하나요

무엇보다 음악을 좋아해야 해요. 모든 소리를 벨소리화하고 싶어하는 호기심이 있으면 좋겠지요. 자격에 제한이 있는 것은 아니지만 텔레비전이나 라디오 등 미디어와 음악에 대한 전반적인 지식은 있어야 한답니다.

앞으로 어떻게 발전할까요

우리의 생활 속에 이젠 없어서는 안 될 중요한 통신수단이 된 휴대 전화. 이 휴대 전화의 보급률이 높아짐에 따라 휴대 전화와 관련된 컨텐츠 개발에 대한 관심도 점점 높아지고 있지요. 개성을 중요하게 여기는 사람들이 점점 다양하고 새로운 휴대 전화 벨소리를 원하고 있는 만큼 벨소리 작곡가에 대한 수요도 더욱 늘어날 것으로 보여요.

별별직업

입학사정관

🐾 어떤 일을 하나요

최근 우리나라에 입학사정관제가 도입되었다는 뉴스를 들은 적이 있을 거예요. 입학사정관은 학생을 평가하고 선발하는 입학 전문가라고 할 수 있어요. 국제 중학교나 외국어 고등학교, 대학에서 학생을 뽑을 때 단순히 성적만 보는 것이 아니라 학생의 적성과 잠재력, 사회봉사 경력 등을 두루 살펴서 학생을 뽑는 일을 한답니다.

🐾 무엇을 잘해야 하나요

무엇보다도 도덕적이고 공정해야 해요. 많은 학생들을 평가할 때, 한 사람 한 사람에게 동일한 기회를 주고 공정하게 평가해야 하니까요. 그리고 입학사정관이라는 직업에 자부심을 가지고 있어야 해요. 그래야 어떤 유혹이나 압력이 있어도 이를 물리치고 억울한 학생들이 없도록 할 수 있어요.

🐾 앞으로 어떻게 발전할까요

입학사정관 제도는 미국에서 발전하였지만, 최근 우리나라에서도 급속하게 도입하고 있어요. 성적 하나만으로 학생을 평가하는 것이 문제가 있다는 생각이 많기 때문이랍니다.

따라서 앞으로 국제 중학교나 외국어 고등학교, 과학 고등학교 등의 특수 목적 고등학교나 대학교에서 더 많은 입학사정관들이 활동하게 될 것으로 보여요.

설탕 공예가

어떤 일을 하나요

돌잔치나 결혼식 같은 행사에서 진짜인지 가짜인지 구별하기 힘들 만큼 아주 예쁘고 정교하게 만들어진 케이크를 본 적이 있지요? 또 투명하게 빛나면서 반짝이는 꽃들도 한 번쯤은 본 적이 있을 거예요. 이 케이크나 꽃은 모두 설탕으로 만든 것이랍니다. 설탕을 반죽해서 색을 넣고 다양한 모양을 만들어 케이크나 쿠키에 장식하지요. 웨딩 케이크, 돌 케이크 또는 생일 케이크 등 다양한 케이크나 보관용 부케, 테이블 장식품 등 행사나 기념일에 필요한 장식품을 만드는 사람이 바로 이 설탕 공예가랍니다.

무엇을 잘해야 하나요

정교하게 만들어야 하므로 손재주와 미적 감각이 꼭 필요해요. 섬세하고 성격이 꼼꼼한 사람에게 잘 어울리지요. 창의적으로 생각하고 표현할 줄 아는 능력이 있다면 도전해 볼 만한 직업이에요.

앞으로 어떻게 발전할까요

설탕 공예가는 우리나라에 등장한 지 몇 년 안되는 직업이에요. 예전에는 주로 결혼식 케이크만 만드는 정도였지만, 최근에는 테이블 장식품, 파티용 음식 장식, 부케나 꽃꽂이 등 각종 생활 장식품을 만드는 일도 하고 있어요. 쓰임새가 많아지고 있어서 앞으로 더욱 많이 필요하게 될 직업이랍니다.

별별직업

아트워크 매니저

어떤 일을 하나요

아트워크 매니저는 사진 촬영을 할 때 모델들의 포즈를 잡아 주어 더욱 아름답게 만들어 주는 포즈 전문가예요. 촬영할 화보집이나 사진 컨셉에 어울리는 포즈를 미리 연구하고 모델들의 특징을 파악해 두지요. 각 모델의 장점을 살려 신체의 아름다움을 가장 잘 표현할 수 있는 방법을 연구해서 촬영 때 모델들에게 다양한 포즈를 지도해 주는 역할을 한답니다.

무엇을 잘해야 하나요

모델과 사진 작가, 스태프들과 함께 작업하므로 여러 사람과 잘 지낼 수 있어야 해요. 한번 촬영에 들어가면 며칠씩 밤을 새기도 하므로 강한 체력도 필요하구요. 어떤 각도에서 가장 좋은 사진이 나오는지, 어떤 포즈가 가장 아름답게 나오는지에 대한 감각 또한 필요하답니다.

앞으로 어떻게 발전할까요

최근에는 직업 모델뿐 아니라 일반인들도 자신의 가장 아름다운 모습을 남기기 위해 개인 화보집을 만드는 경우가 늘어나고 있어요. 사진을 찍을 때마다 다양한 포즈와 표정들을 필요로 하기 때문에 전문적으로 포즈를 지도하는 아트워크 매니저의 역할은 더욱 커질 것으로 보여요.

애완동물 장의사

어떤 일을 하나요

애완동물의 장례식을 맡아 사체 이송, 장례 예식, 화장 등의 장례 절차를 진행하고, 이를 위해 필요한 각종 용품을 준비하는 등 애완동물의 장례와 관련한 모든 업무를 책임지는 직업이에요.

무엇을 잘해야 하나요

동물을 좋아하고 사랑하는 마음을 기본으로 가져야 해요. 애완동물을 잃은 사람들의 아픔을 이해하고 격려해 줄 수 있는 넓은 마음과 투철한 서비스 정신이 필요하지요.

앞으로 어떻게 발전할까요

자녀가 없는 부부 및 혼자 사는 노인들, 결혼하지 않고 혼자 사는 사람의 증가 등으로 애완동물을 단순히 동물이 아닌 가족이나 동반자로 생각하는 사람들이 늘어나고 있어요. 따라서 이들의 죽음을 애도하기 위한 애완동물 장의사에 대한 수요 또한 더욱 늘어날 것으로 보여요.

별별직업

애견 브리더

🐕 어떤 일을 하나요

순수한 혈통을 가진 개들을 전문적으로 짝지어 줌으로써 우수한 종의 개들이 태어나도록 하는 직업이에요. 순수 혈통을 가진 개의 장점을 최대한 살려 스탠더드(순수한 혈통을 가진 개의 표준)에 가깝도록 새끼를 낳게 하는 일을 하지요.

🐕 무엇을 잘해야 하나요

무엇보다도 동물에 대한 사랑이 기본이에요. 많은 시간과 노력을 필요로 하는 직업이므로 인내심 또한 필요로 하구요. 애견 브리더 자격증이 따로 있는 것은 아니지만, 관련 자격증을 따거나 대학의 애견 관련 학과에 진학하는 것이 좋습니다.

🐕 앞으로 어떻게 발전할까요

애견 인구가 늘어나면서 애견 사업이 많이 발전하고 있는 요즘, 애견 브리더는 가장 인기 있는 직업으로 떠오르고 있답니다. 이름이 알려진 브리더에게서 나온 새끼 강아지들은 일반 강아지들보다 최고 열 배 이상 높은 가격으로 팔리고 있지요.

예술 제본가

어떤 일을 하나요

보관할 가치가 있는 책을 고치고 잘 다듬어서 견고하고 아름답게 만드는 일을 해요. 단순히 책의 표지만 예쁘게 만드는 것이 아니라 책이 오랜 시간 잘 보존될 수 있도록 돕는 역할을 하지요.

무엇을 잘해야 하나요

오랜 시간 동안 끊임없는 노력을 들여야 하므로 끈기가 있어야 해요. 표지를 아름답게 만들려면 미적인 감각 또한 있어야 하구요. 한 권의 책을 여러 단계를 거쳐서 복원해야 하기 때문에 책을 사랑하는 마음과 서비스 정신이 없으면 하기 힘든 직업이랍니다.

앞으로 어떻게 발전할까요

작업의 특성상 대중적인 직업이 되기는 어렵지만, 작업 과정에서 기쁨을 느끼며 자부심을 가지고 일할 수 있어요. 아직까지 국내에서는 찾는 사람이 많지 않지만, 조금 먼 미래에는 책 문화가 향상될 것이므로 예술 제본가의 전망도 좋아질 거예요.

별별직업

운항 관리사

🐾 어떤 일을 하나요

한 대의 비행기가 하늘을 날기 위해서는 조종사뿐만 아니라 운항 관리사와 같은 많은 사람들의 손길이 필요해요. 운항 관리사는 비행기가 언제 출발해서 어떤 항로를 얼마의 고도와 속도로 갈지 계획해야 해요. 비행기가 날씨에 민감한 교통수단인 만큼 출발 시간의 날씨뿐 아니라 도착 시간의 날씨까지도 예측해서 운항 계획을 세워야 하지요. 또한 승객이나 화물의 무게를 잘못 계산하면 비행기가 균형을 잃어 사고가 날 수도 있으므로, 중간에 연료가 떨어지지 않도록 계산을 잘해야 해요. 이처럼 모든 비행 계획을 세우고 연료량을 계산하는 것이 운항 관리사의 일이에요. 비행기가 계획대로 잘 운항하고 있는지 감시하고 지원하는 것도 운항 관리사의 일이랍니다.

🐾 무엇을 잘해야 하나요

운항 관리사는 지상의 조종사예요. 보다 정확한 비행 계획을 세우기 위해 항공기 연료 소비량을 계산하고, 적절한 무게 배분을 산출하기 위해 바른 판단력과 결단력이 중요하답니다.

🐾 앞으로 어떻게 발전할까요

항공법에 따르면 항공 운송 사업자는 반드시 운항 관리사를 두어야 하는데, 요즘은 대형 항공사 외에 저가 항공사가 계속 생기고 있는 추세라서 앞으로 운항 관리사들을 더 많이 필요로 할 듯해요.

의학 삽화가

어떤 일을 하나요

의학 또는 생물학에 관련된 내용들을 그림으로 표현해서 기록을 남기거나 알리는 데 중요한 역할을 해요.

무엇을 잘해야 하나요

그림을 그릴 때 형태를 있는 그대로 표현하되 보는 사람들이 쉽게 이해할 수 있도록 해 주어야 하므로 창의력이 필요해요. 그림 실력뿐 아니라 의학 및 과학 분야에 관한 다양한 지식이 필요하므로 끊임없이 훈련을 받아야 한답니다.

앞으로 어떻게 발전할까요

우리나라에선 아직 생소한 직업이예요. 하지만 일반인들의 건강에 대한 관심이 높아지고 있고, 신약 및 의료용 기술의 개발로 공중 보건 교육용 그림이 많이 필요하게 된 만큼 이 분야에 대한 수요는 크게 늘어날 것으로 보여요.

별별직업

과학 수사 요원(CSI)

🐾 어떤 일을 하나요

CSI라는 유명한 미국 드라마를 본 적이 있나요? 범죄가 일어나면 현장에 과학 수사 요원들이 출동해서 과학적으로 범인을 잡는 드라마랍니다. 수사 방법이 놀랄 정도로 정밀하고 체계적이어서 인기가 많지요. 이와 같이 범죄 현장의 작은 증거물까지도 과학 기술을 이용해서 분석하는 사람을 과학 수사 요원이라고 해요. 살인사건, 자동차 사건, 절도사건, 방화사건, 폭력사건 등 각종 사건을 다룬답니다.

🐾 무엇을 잘해야 하나요

사고 현장에서 가장 작은 실마리라도 찾아내려면 관찰력이 뛰어나고 집중력이 있어야 해요. 복잡한 상황을 명쾌하게 정리할 수도 있어야 하구요. 물리, 화학, 생물, 의학 등 다양한 과학 분야의 지식이 많아야 한답니다.

🐾 앞으로 어떻게 발전할까요

우리나라에서도 과학 수사에 대한 관심이 점점 높아지고 있어요. 유전자(DNA)나 폐쇄회로(CC) TV를 분석해서 범인을 잡는 등 과학 수사를 통한 사건 해결이 보다 쉽고 빠르기 때문이지요. 앞으로 과학 수사가 점점 더 활용될 것이므로 과학 수사 요원들의 역할도 더욱 커지게 될 거예요.

캘리그라퍼

🐾 어떤 일을 하나요

서예를 현대적으로 변형시켜 글자를 개성 있고 아름답게 쓰는 기술인 캘리그라피를 해요. 단어가 뜻하는 의미를 글씨로 아름답고 독특하게 표현한답니다.

🐾 무엇을 잘해야 하나요

여러 재질의 종이에 다양한 손글씨 이미지로 표현하는 연습을 꾸준히 해보세요. 광고나 상품 등에도 사용이 가능한 실용적인 분야이니만큼 사물을 보는 관찰력과 새로운 것을 창출할 수 있는 응용력이 필요하답니다. 서예의 기교와 디자이너의 능력이 모두 필요하지요.

🐾 앞으로 어떻게 발전할까요

요즈음 캘리그라피를 배우는 사람이 늘고 있어요. 캘리그라피에 대한 인식이 널리 퍼지고 반응이 좋아지고 있거든요.
제품이나 광고의 슬로건 또는 로고 등의 홍보 분야뿐만 아니라 패션, 인테리어, 소품 등 훨씬 다양한 분야로 점차 영역이 확대되고 있는 만큼, 캘리그라퍼들을 더욱 많이 필요로 하게 될 거예요.

커뮤니티 가드너

어떤 일을 하나요

사이버 세상에 있는 네티즌들이 지루하거나 외로움을 느껴서 커뮤니티를 떠나는 일이 없도록 항상 재미있는 이벤트 등을 기획하고 개발하는 일을 해요.

무엇을 잘해야 하나요

커뮤니티 가드너는 여러 분야에 상식을 가지고 있어야 해요. 다양한 주제를 가진 여러 커뮤니티를 상대해야 하기 때문이지요. 또한 최근 유행하는 네티즌의 화젯거리를 잘 파악해야 하고, 각 동호회가 무슨 주제로 운영되고, 무엇이 필요한지도 파악할 수 있어야 한답니다.

앞으로 어떻게 발전할까요

요즈음에는 포털 사이트마다 커뮤니티를 늘리려 애쓰고 있지요. 각 포털 사이트마다 제공해주는 블로그 서비스들도 결국에는 커뮤니티를 만드는 도구랍니다. 따라서 커뮤니티는 앞으로도 계속 늘어날 것이고, 웹 커뮤니티 가드너의 수요도 꾸준하게 늘어날 듯 해요.

호텔 컨시어지

어떤 일을 하나요

컨시어지(Concierge)의 원래 뜻은 '문지기'란 뜻이에요. 호텔에서는 안내인을 의미하지요. 당일의 행사를 체크하고, 담당한 VIP 손님을 돌보면서 관광 안내 등 손님이 필요로 하는 각종 정보들을 제공해준답니다. 손님이 원하는 모든 서비스를 제공해주는 사람이랍니다.

무엇을 잘해야 하나요

다양한 연령층의 손님을 상대해야 하므로 원만한 대인관계와 인내심, 배려심이 필요해요. 손님에게 최상의 서비스를 제공하겠다는 프로 정신과 친절함도 있어야 하구요. 외국인을 상대하는 일도 많으므로 다양한 문화에 대한 이해와 세련된 국제 매너, 외국어 능력 또한 필요하답니다.

앞으로 어떻게 발전할까요

호텔은 고객의 안전과 편의를 최우선으로 꼽아야 하는 업종이에요. 따라서 서비스의 선두에서 호텔의 VIP 손님에게 필요한 모든 것을 담당하는 컨시어지는 없어서는 안 될 직종 가운데 하나랍니다.

10살에 떠나는 미래 세계 직업 대탐험

초판 1쇄 발행 | 2010년 6월 1일
초판 6쇄 발행 | 2018년 7월 10일

지은이 | 한상근
그린이 | 이우일

발행인 | 이상언
제작총괄 | 이정아

인터뷰진행 | 최윤정
교정·교열 | 김혜영
디자인 | 디자인우디
인쇄 | 동양인쇄

발행처 | 중앙일보플러스(주)
주소 | (04517) 서울시 중구 통일로 92 에이스타워 4층
등록 | 2008년 1월 25일 제2014-000178호
판매 | 1588-0950
홈페이지 | www.joongangbooks.co.kr
페이스북 | www.facebook.com/hellojbooks

ⓒ 한상근, 최상규, 2010

ISBN 978-89-278-0041-5 74300
       978-89-278-0040-8 74300 (세트)

- 이 책은 저작권법에 따라 보호받는 저작물이므로 무단 전재와 무단 복제를 금하며
  책 내용의 전부 또는 일부를 이용하려면 반드시 저작권자와 중앙일보플러스(주)의 서면 동의를 받아야 합니다.
- 책값은 뒤표지에 있습니다.
- 잘못된 책은 구입처에서 바꿔 드립니다.

주니어중앙은 중앙일보플러스(주)의 어린이 책 브랜드입니다.